EL FACTOR SOCIAL

CONSIDERACIONES ACERCA DEL COMPONENTE INVISIBLE DIFERENCIAL EN EQUIPOS DE FÚTBOL.

CARLOS LIONTI

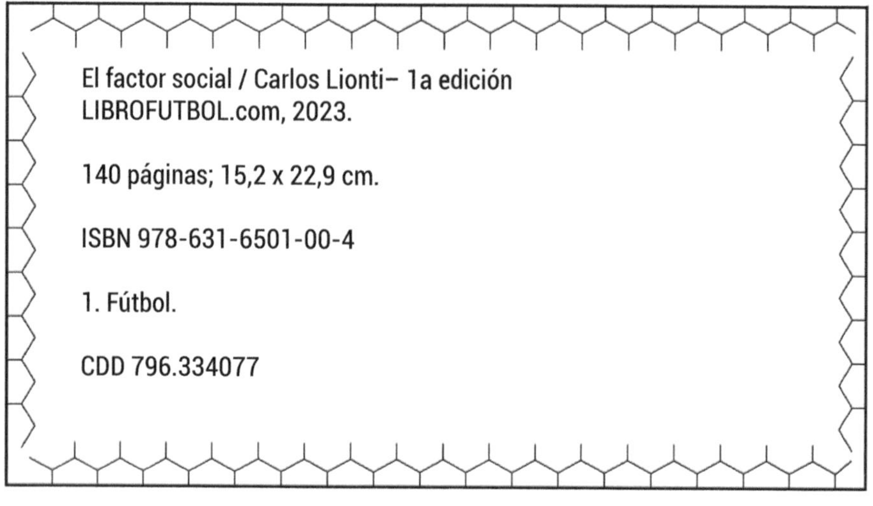

El factor social / Carlos Lionti– 1a edición
LIBROFUTBOL.com, 2023.

140 páginas; 15,2 x 22,9 cm.

ISBN 978-631-6501-00-4

1. Fútbol.

CDD 796.334077

EL FACTOR SOCIAL
de Carlos Lionti

Cubierta: diseño por Luciano Medvetkin
Foto de portada: © Moritz Müller/Alamy

Foto del autor: © Carlos Lionti

ISBN 978-631-6501-00-4

1ª edición: mayo 2023

ediciones@librofutbol.com

+54 9 11 2215 1982

librofutbol

Av. del Libertador 6898 – Núñez –Ciudad de Buenos Aires–Argentina

ÍNDICE

Prólogo I. 5
Prólogo II 7
Introducción 9

PARTE I 13
Conceptos de psicología del deporte 13
Capítulo 1
La justificación de la inserción y del rol. 15
Capítulo 2
Principio de utilidad y contexto de los futbolistas. 21
Capítulo 3
Aportes desde la sociología del comportamiento. 27
Capítulo 4
Del "yo" al "nosotros". Cohesión. El equipo es el otro. 35
Capítulo 5
Liderazgos 45

PARTE II. 57
El factor social. 57
Capítulo 6
Proceso de selección en el fútbol. DT como gerente de RRHH.. 59
Capítulo 7
cariño para ganar 71
Capítulo 8
"Quiero que los jugadores jueguen por ellos" 77

Capítulo 9
La importancia del dialogo integral y la cultura del club 83
Capítulo 10
Gestión del error y las comunicaciones "difíciles". 95
Capítulo 11
Sintomas de fallas en el manejo. relación con capitanes 103
Capítulo 12
Diferencias del liderazgo (social y futbolístico). Exclusiones del equipo por cuestiones sociales 109
Capítulo 13
El talento esta sobrevalorado 117
Conclusión 123
Agradecimientos. 129
Referencias bibliográficas. 133
Referencias electrónicas 135
Sobre el autor
Carlos Lionti 139

PRÓLOGO I

POR LUCAS BOVAGLIO

Fueron casi 18 años como futbolista profesional, si sumamos los más de 10 años en las divisiones formativas de Atlético de Rafaela, son muchos años corriendo detrás de una pelota, en realidad, muchos años corriendo detrás de los rivales para poder quitarles la pelota. Prácticamente dos tercios de mi vida dentro de una cancha de fútbol practicando el más hermoso de los deportes.

En todos esos años me hablaron de perfiles, de control y pase, de meter y correr, de cabecear con los ojos bien abiertos, etc. También intentaron explicarme que el fútbol siempre da revancha, que el tren pasa solo una vez y muchas otras frases que están instaladas en nuestro “mundo”, pero que no comparto en lo absoluto.

Pero en el planeta Tierra no solo evoluciona la tecnología, la comunicación, la ciencia y la salud, el fútbol también evoluciona. Cambian los métodos de entrenamiento, cambiaron las formas de vincularse, y se metieron de lleno el Big Data y un nuevo integrante al cuerpo técnico, el psicólogo deportivo.

Hace algunos años atrás recordábamos al preparador físico personal de Maradona, y ahora hablamos del psicólogo personal del Dibu Martínez, artífices indispensables de la última conquista mun-

dialista argentina, esa que se nos negó durante 36 años y que le permitió a ese grupo de jugadores, y especialmente a Leo Messi, ponerlos en la cima del fútbol mundial.

En mi primera experiencia como director técnico en la reserva de Talleres de Córdoba viví también mi primera experiencia con un psicólogo deportivo dentro del grupo de trabajo, y el resultado fue extraordinario.

Luego, en Atlético de Rafaela pudimos sumar al psicólogo ya sobre el cierre del ciclo, casi en el final de la temporada. Fueron solo 15 días, pero los suficientes para saber que, a partir de ahí, a donde nos tocara ir teníamos que tener a este integrante desde el comienzo de la temporada.

Vino Villa Dálmine y ahí tuvimos la posibilidad de elegir ese profesional, y que arrancara con nosotros prácticamente desde el primer día. Recuerdo esa mañana en la que Carlos se presentó frente al resto del cuerpo técnico con una charla en donde no solamente nos demostró su capacidad, sino también lo determinante que podía ser su trabajo en ese nuevo desafío que recién comenzaba.

La experiencia fue extraordinaria, la aceptación en el plantel fue maravillosa, los resultados, buenísimos. Sumamos a nuestro grupo no solamente a un gran profesional, sino que a un mejor ser humano.

Nuestra historia siguió en Deportivo Morón, donde el aporte de Carlitos nos hizo mejores a todos: jugadores, cuerpo técnico y la institución.

El fútbol no para de crecer, Carlitos tampoco, yo siento que gané un amigo, y el fútbol encontró en el psicólogo deportivo a la pieza insustituible que faltaba para llegar a esos rincones de la cabeza del futbolista a la que antes no había forma de llegar.

Lucas Bovaglio
Exfutbolista y director técnico

PRÓLOGO II

POR JORGE MARINELLI

Cuando Carlos me invitó a escribir el prólogo de su libro me sentí muy halagado. La psicología en el deporte llegó a la Argentina en cámara lenta, pero lo hizo para quedarse. A principio de los noventa se comenzó a hablar de la importancia de contar con profesionales que escucharan a los protagonistas que juegan; primero por ellos, y después por muchos que los acompañan, y hoy ya no se discute el tema. Las presiones con las que convive un deportista exceden a las metas que se plantea en lo individual, por lo que resulta gratificante escucharlos decir: “lo hablé con mi psicólogo”. No importa si se trata de una disciplina individual o colectiva, aunque es cierto que en estas últimas la preparación no se da solo por uno, sino también por sus compañeros, y además por aquellos que acompañan desde las tribunas o cómodamente sentados en un sillón sin conocer los porqués de algunas situaciones personales.

En las infinitas charlas que tuvimos, Carlos me fue explicando (con el secreto profesional que jamás intentamos que se rompiera) por dónde empezar a trabajar con la cabeza de un atleta.

Después del Mundial 2022 (pandemia de por medio) quedó demostrado claramente que todos estamos sensibles, que las emociones saltan a flor de piel, y que estas a veces son difíciles de con-

trolar. El futbolista sale al campo de juego con toda esa carga, y además debe saber convivir con el error y reponerse pronto. Ese es uno de los tantos obstáculos que debe sortear un deportista, y para ello debe saber manejar algo que es intangible: la cabeza. Muchas veces no parece ser muy fácil de lograr, pero para eso hay que estar preparado, y, entonces, se necesitan herramientas para saber emplearlas en el momento adecuado.

El mundo del fútbol se creyó siempre inexpugnable, casi como una cofradía en la que nadie ajeno podía aportar soluciones para determinadas situaciones. Los entrenadores se creían capaces de darles las herramientas a los jugadores por el solo hecho de conocer el vestuario. Pero el mundo avanzó, y ya no alcanza con la palmadita en la espalda.

Cuántas veces escuchamos decir “se juega como se vive”, y es verdad que nadie puede ser ajeno a los problemas cotidianos que vive la sociedad. El jugador forma parte de ella y, en mayor o menor medida, sufre los inconvenientes de cualquier ciudadano.

La cabeza del ser humano es un misterio. Cada uno carga con historias diferentes y no todos las resuelven de la misma manera. Hay miedos, inseguridades y también una autoestima que no siempre juega a favor. Todos esos secretos en el deporte se multiplican con las diferentes interpretaciones de cada uno de los espectadores (ocupe el lugar que sea, hincha, periodista o dirigente). Cada uno puede tener una diferente, sintiéndose dueño de la verdad, algo que a veces ni el propio protagonista sabe cuál es.

Estas situaciones, muchas veces cotidianas, las pueden ayudar a resolver profesionales preparados para ayudar al deportista a saber convivir con ellas. En este libro, Carlos Lionti nos cuenta la mejor forma de entender el misterio de ese rival invisible que tiene un deportista.

Jorge Marinelli
Periodista deportivo

INTRODUCCIÓN

El Factor Social. Este libro pretende familiarizar al público lector con una serie de observaciones que derivan de la experiencia de un psicólogo deportivo inserto en la cotidianidad de un equipo de fútbol profesional.

Todo surge a partir de algunas simples preguntas:

- ¿Por qué hay técnicos que triunfan en escenarios variables?
- ¿Cómo puede explicarse el éxito de los técnicos más laureados?
- ¿Cómo puede haber técnicos que dirijan con igual suceso en todas las categorías?
- ¿Cómo es posible que haya técnicos que triunfen en distintos países, con distintas culturas, idiomas y dirigiendo a distintos futbolistas?
- ¿Cómo se explica que haya cada vez más técnicos novatos con éxito casi inmediato?
- ¿Cuál es el denominador común entre Zidane y Scaloni, si es que hubiere alguno?
- Por último, **¿el que más gana, es el que más sabe de fútbol?**

A veces lo simple es lo más complicado.

Corre el año 2022, el fútbol es profesional en Argentina desde 1931, lo que da un total de 91 años, y contando. Más aún, hasta

llegar a ese hito el deporte tuvo que recorrer distintas fases de proliferación y organización. Diversos estudiosos de la historia del deporte en el país sitúan alrededor de 1840 la introducción del deporte en tierras criollas. A través de los puertos y por empuje de los inmigrantes, sobre todo ingleses, el fútbol empezó a penetrar en el territorio nacional y en su cultura. El 20 de junio de 1867 se jugó el primer partido de fútbol en la Argentina, hace 155 años, fue un partido entre colorados y blancos, en el que triunfaron los primeros por 4 a 0. Acompañando el proceso de recepción de inmigrantes que atravesó el país en la segunda mitad del siglo XIX, el fútbol fue ganando en popularidad, impulsado por la población europea, y con ello empezó a hacerse necesaria cierta organización. Así, surge la Argentine Association Football League, encargada de organizar, en 1891, el primer campeonato de fútbol que se disputó en Buenos Aires, con el poco apoyo de los equipos más importantes obtenido por el Saint Andews School. Tras pasar por un proceso lógico de complejidades organizativas (surgimiento de organizaciones que hacían campeonatos paralelos, participaciones de futbolistas en más de un equipo, entre otras), el 18 de mayo de 1931, en una reunión donde participaron los representantes de "los clubes Atlanta, Boca, Chacarita, Estudiantes de La Plata, Huracán, Independiente, Platense, Quilmes, Lanús, Racing, River, Tigre, Vélez, Talleres, San Lorenzo, Argentinos Juniors y Ferro", se resolvió fundar la Liga Argentina de Football, de acuerdo a lo que se lee en el acta de fundación. El 31 de mayo comenzó la era del campeonato profesional con 18 equipos. Tres años después, en 1934, la organización de fútbol sufrió una nueva reestructuración, pero esta vez administrativa; cambió de denominación: pasó a llamarse Asociación del Fútbol Argentino.

Desde 1891 hasta 1931, sin contar el año 1892, en el que no se organizó un torneo, en la era amateur se disputaron 51 torneos de liga. A partir de 1931, ya en la era profesional, se organizaron 137 campeonatos más a la fecha, lo que arroja un total de 188 torneos a lo largo de 131 años.

Y han ganado muchos. Más de 25 equipos. Infinidades de técnicos, jugadores y estilos de juego diversos. Distintas escuelas, paradigmas, personalidades, grupos de personas y estilos de liderazgo. No hay una receta mágica ganadora universal. En este caso, como en las ciencias, puede haber ideas dominantes presentadas como verdades y productoras de líneas comportamentales, pero serán pasado cuando surja otra que la cuestione, la muestre falible, y la derrote. Hay fanatismos, cómo no, estamos hablando del deporte más popular del planeta. Hay miedos, hay puristas, hay añoradores de lo pasado, hay conservadores y hay pioneros. Este es el universo en el que hay que convivir.

En ese universo, el estado del arte de la preparación física, técnica y táctica se ha emparejado en diversas partes del mundo por la irrupción fulgurante de la globalización y el internet. Ahora cualquier persona con interés, el recurso del internet y curiosidad puede buscar cómo entrenar un 4-3-3 en la web, y se va a encontrar con cerca de 6 760 000 resultados en 0.81 segundos. De lo más diverso y heterogéneo. El acceso a la información ya no es un problema. A su vez, cada vez hay más escuelas de formación, cursos de actualización y divulgación de todo tipo de documentos y capacitaciones dispuestas de captar a la población cada vez más ávida de saberes. Un sistema que en su expansión exponencial y su ampliación global invisibiliza lo más primario, lo más esencial, y algo de lo más importante. A este juego, devenido en deporte profesional y máquina comercial, lo practican, lo entrenan, lo desarrollan, lo conducen, lo coordinan, y sobre todas las cosas lo juegan: personas.

Seres humanos como vos y como yo. De carne y hueso. Con personalidad, con conductas, con cogniciones y sentimientos. Diversos, diferentes, sí, pero similares a los demás. Entonces, mientras las cuestiones físicas, técnicas y tácticas han madurado, evolucionado y explotado a nivel de homologación y divulgación, las cuestiones sociopsicológicas vienen corriendo desde atrás, desmerecidas, ninguneadas, apartadas y receladas. Pero vienen, y se van a imponer.

Porque hay preguntas, como las disparadoras de este libro, que tal vez puedan ser respondidas por ese saber.

Eso intentaremos.

PARTE I

CONCEPTOS DE PSICOLOGÍA DEL DEPORTE

"El que piensa que al fútbol se juega con los pies es el mismo que piensa que al ajedrez se juega con las manos..."

CAPÍTULO 1

LA JUSTIFICACIÓN DE LA INSERCIÓN Y DEL ROL

La psicología deportiva es una disciplina que se enfoca en el desarrollo y la aplicación de principios psicológicos para entender, modificar y mejorar el comportamiento humano en el entorno deportivo. Es una de las prácticas que integran una nueva afluencia de saberes que se aproximan al deporte y que no puede dejarse de lado si se pretende encarar de forma completa la formación de un deportista o equipo, ya que cuenta con lo requerido para posibilitar una potenciación del rendimiento del futbolista. En psicología del deporte se cree que la totalidad del rendimiento deportivo se divide en cuatro grandes aspectos fundamentales:

- Los aspectos técnicos,
- Los aspectos tácticos,
- Los aspectos físicos,
- Los aspectos psicológicos.

RENDIMIENTO DEPORTIVO

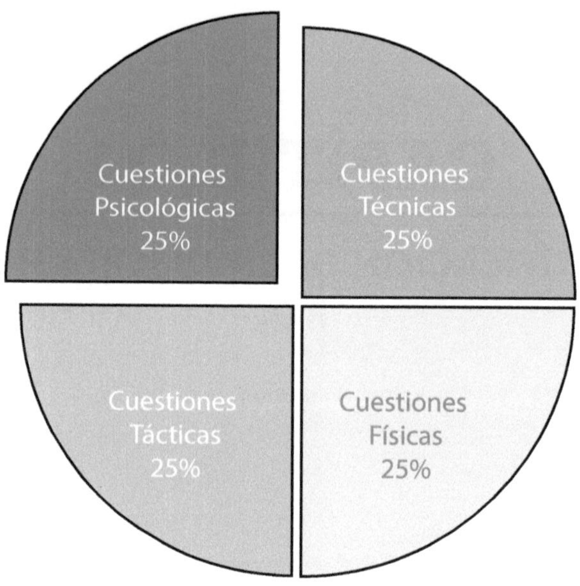

Actualmente, se considera que los factores psicológicos tienen un 25% de incidencia dentro del total del rendimiento deportivo, de igual manera que las cuestiones técnicas, tácticas y físicas, si se pretende observar al deportista como una entidad global. Ahora bien, mientras a las cuestiones tácticas y técnicas las entrena el director técnico, y de las cuestiones físicas se encargan los preparadores físicos y el cuerpo médico, ¿quién se encarga y cómo se entrenan las cuestiones psicológicas en los equipos de fútbol profesional? Uno puede hablar del caso de un jugador que sea muy bueno en las cuestiones antes mencionadas que, si no está a la altura a nivel psicológico, no va a poder competir. Todavía se asocia al profesional de la psicología con la patología, aunque esa sea ya una mirada añeja, mucho más en el deporte. Cuando a un futbolista se le sugiere que puede consultar a un psicólogo, la respuesta común de este es: "¿Para qué?, si estoy bien...", y no se trata de estar solo bien, se trata de estar en el máximo de las posibilidades.

Por lo general, hay varios motivos comunes por los que los distintos actores del ambiente consideran que se tendría que consultar con un psicólogo. Dentro de la práctica se pueden mencionar como los más comunes las cuestiones relacionadas con la confianza, la motivación, la ansiedad y/o los miedos, la respuesta frente al error, dificultades con adaptaciones contextuales, todo lo concerniente a las lesiones, preparación del momento del retiro, y los problemas personales particulares. Todos ellos, y algunos más, si bien son válidos, no dan cuenta enteramente de la necesidad de la inserción de un profesional especializado en la salud mental dentro de la estructura del equipo, pues la principal razón de la misma debería ser la preparación global del aspecto psicológico del jugador.

En Argentina, lamentablemente, la función aún es apartada del plano deportivo; y es paradójico, porque este siempre ha sido un país de vanguardia en muchas cuestiones sociales de cualquier índole. Podría definirse el rol del psicólogo entonces como un entrenador de habilidades mentales, las cuales, de no estar él presente en el equipo, no se entrenan realmente.

El psicólogo del deporte tiene incidencia a nivel individual y grupal en cuatro cuestiones fundamentales: la concentración, la confianza, la motivación y el control de presiones. A nivel solo individual asiste al jugador en el proceso de rehabilitación de lesiones y el momento de preparación del retiro, y a nivel exclusivamente grupal asiste en la cohesión del equipo, la conformación de liderazgos, la comunicación, entre otras cosas. Sin el psicólogo presente en el *staff* no hay otro profesional preparado para entrenar estas cosas, que, se insiste, inciden en un 25% del total del rendimiento deportivo.

TRABAJO DE ASPECTOS PSICOLÓGICOS EN EL DEPORTE

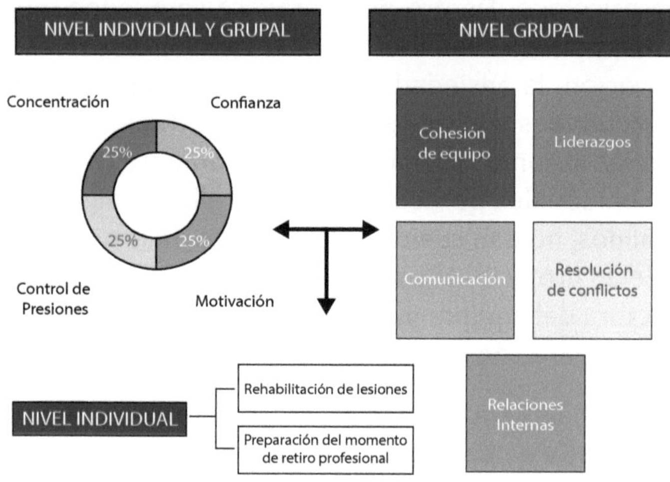

Estadísticamente, acorde a una investigación de HeadsUp! publicada en el año 2020, un 26% de futbolistas sufre de cuestiones de índole mental durante el desarrollo de sus carreras profesionales. Es un número alto, más teniendo en cuenta que ese porcentaje está compuesto únicamente por aquellos jugadores que valientemente aceptan y blanquean esas dificultades. Dentro de un ambiente en el que el machismo primitivo y la apariencia de invulnerabilidad todavía son patrones fuertes y vectores de comportamiento arraigados, se presume que los casos totales entonces serían, como mínimo, el doble. Siempre desde HeadsUp! el porcentaje de futbolistas que sufren de alguna cuestión de índole psicológica asciende al 39% después del retiro, y ese es un guarismo que marca no solo cómo afecta la finalización de su carrera profesional a esa persona, sino también cuántos no admiten haber tenido dificultades sino hasta que se retiran.

FIFpro, el sindicato mundial de jugadores profesionales de fútbol, también ha incursionado en la investigación de estas cuestiones recabando la información de que aproximadamente un 38% de todo el universo de futbolistas profesionales sufrieron de síntomas compatibles con la depresión en un relevamiento realizado en 2015 y finalmente publicado en 2018. Dentro de las situaciones más estresantes de ese análisis aparecieron los errores durante los partidos, los períodos de transferencias, las lesiones y la presión que ejercen las instancias definitorias. Concluye el sindicato que: “la gran mayoría de los jugadores no recibe todo el apoyo que precisa”.

Estos números pueden explicarse a partir de una serie de consideraciones del ambiente y de los propios futbolistas que derivan de la práctica. El fútbol es una industria muy complicada para la salud psíquica de las personas, entre otras cosas por la montaña rusa de sensaciones a las que los integrantes del ambiente tienen que adaptarse. No existe otro ambiente de trabajo en el que se presenten en conjunto la presión y la intensidad y variabilidad emocional que involucra la práctica del fútbol profesional. Generalmente, en otros ámbitos se concurre a trabajar por las sensaciones que esa tarea produce o por la presión de supervivencia, pero no por las dos juntas. Hay que estar inmerso en el ambiente para darse cuenta de la profundidad de las variantes de sufrimiento que se develan en el mismo, y eso lo sufren todos los actores. El ambiente que genera un partido de fútbol y las sensaciones que experimentan los involucrados son inequiparables a cualquier otro ambiente de trabajo. Las emociones están fundidas con el ambiente, y el mismo es difícil de soltar, porque define casi totalitariamente la identidad de sus participantes. El jugador de fútbol lo es tanto dentro como fuera del ambiente, igual que los técnicos, profesores de educación física, psicólogos, etc. La identificación es muy poderosa por las emociones que genera, todo lo que pasa dentro de la cancha tiene un poder de definición de la autoimagen muy fuerte y potencialmente dañina.

Dentro de este contexto, entonces, y en consonancia con el paradigma de la importancia de la presencia de un psicólogo deportivo en las estructuras de trabajo, tanto la preparación mental como la preparación física están en la misma escala, son equivalentes, y ambas se encuentran fuertemente determinadas por el ambiente. Si como deportista se descuida la alimentación, la condición física se va a deteriorar y en algún momento eso se va a notar. Entonces,

¿qué hace ese deportista? Va al gimnasio, entrena y se pone en una dieta. Con la salud mental pasa lo mismo. Uno empieza a notar que estuvo dejando entrar ciertas cosas que pueden generar ansiedad, miedos, depresión, pero, al contrario de lo que pasa con la condición física, lo que generalmente pasa es que no se hace nada. A su vez, si uno se percibe en una buena condición física, el deportista ya sabe que eso no se va a sostener así a menos que trabaje para mantenerla, ¿por qué entonces sería distinto con la condición mental? ¿Bajo qué preceptos se supone que la condición mental se va a sostener en forma si no se trabaja en ella?

Sin embargo, a pesar de todo lo anteriormente expuesto, aún impera en el ambiente la percepción que sentencia que aquel que habla con el psicólogo es porque tiene algo mal, que tiene que ser erradicado. Y eso es erróneo. Entrenar psicológicamente no es sinónimo de debilidad, tanto como no es sinónimo de debilidad física ir al gimnasio a entrenar. De igual forma, el camino aún comienza, especialmente porque el principal actor a potenciar, a beneficiar, a ayudar, el futbolista, vive sus emociones en soledad. Más aún, cuenta con un puñado muy reducido de contactos frente a los cuales más bien debe sostener una impostura que confirme su identidad y valía que hablar de lo que le pasa, y encima, como está inmerso en este ambiente tan particular de alta presión e intensidad de emociones, siente que nadie que no participe de las mismas situaciones podrá entenderlo por completo. Para peor, la mayoría tienen la duda de si las personas que lo rodean están con él porque es futbolista o por lo que es como persona, lo que contribuye a aumentar el aislamiento.

CAPÍTULO 2

PRINCIPIO DE UTILIDAD Y CONTEXTO DE LOS FUTBOLISTAS

El principio de utilidad es un concepto invisible que regula toda una gama de comportamientos de las personas involucradas en el ambiente y que merece que se le preste atención. Los futbolistas son personas que desde una edad muy temprana están haciendo sacrificios para poder cumplir con el sueño de una mayoría que solo logra una muy selecta minoría. Siempre haciendo la salvedad que hay que tener en cuenta el caso por caso, son chicos que desde los 6-8 años hasta, últimamente, los 35-40 están inmersos en un ambiente específico, con valores, normas de conducta, sistemas de valoración y conductas esperadas muy particulares. Detengámonos a pensar en eso. ¿Qué otro ambiente vital/laboral conocen que tenga esa duración, inflexibilidad, rigurosidad y dedicación? Es imposible que no se analice el contexto global situacional del fútbol, y no se consideren aspectos de la cultura de relaciones que suceden en el ambiente del deporte.

En ese marco, e insistiendo, desde una muy temprana edad, el sujeto que practica el deporte se sitúa en una posición de evaluación de prestación y medición de utilidad de y para algún otro que

determina con carácter de sentencia la valía y las posibilidades de progreso de esa persona.

Dicho en criollo, los chicos de ocho años ya practican el deporte sometidos a la mirada de un otro que va a juzgar, con criterio subjetivo y sin garantía de acierto, si ese chico va a poder progresar en su formación o si tiene o no posibilidades de evolución deportiva. En esa lógica de repetición constante, el sujeto aprende a relacionarse de una forma particular. Como él es juzgado, evaluado y utilizado, se relaciona de igual forma para con los demás.

Esto es algo que tienen que entender todos los otros integrantes del entorno y que no se tiene en consideración. El futbolista llega a profesional después de un camino en donde ha sido tratado como herramienta y evaluado de forma casi constante durante los últimos diez años. ¿Cómo no va a juzgar, a medir y a probar si él mismo ha sido juzgado, medido y probado semanalmente por años? Hay historias tremendas. Hay chicos que han sido cortados por peleas personales entre los entrenadores y gente del entorno del chico, por cuestiones de desarrollo físico tardío, por cuestiones socioeconómicas, psicológicas, etc. Todo eso bajo el principio de utilidad, que encima siempre es ajeno y nunca es homogéneo.

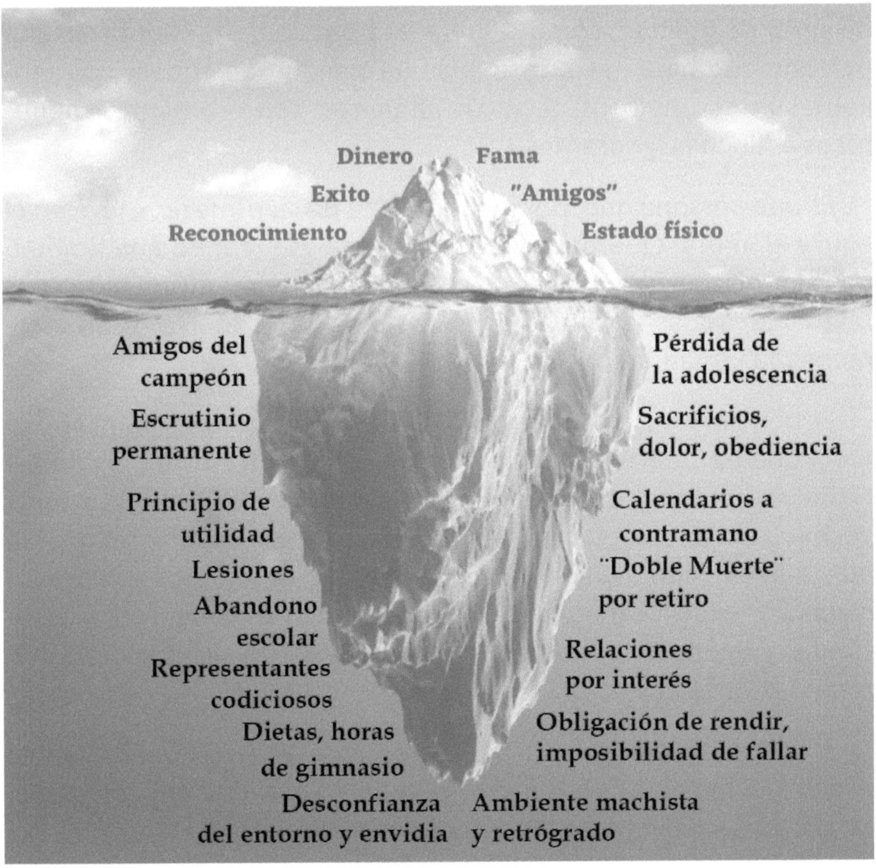

Dinero
Fama
Exito
"Amigos"
Reconocimiento
Estado físico

Amigos del campeón
Escrutinio permanente
Principio de utilidad
Lesiones
Abandono escolar
Representantes codiciosos
Dietas, horas de gimnasio
Desconfianza del entorno y envidia

Pérdida de la adolescencia
Sacrificios, dolor, obediencia
Calendarios a contramano
"Doble Muerte" por retiro
Relaciones por interés
Obligación de rendir, imposibilidad de fallar
Ambiente machista y retrógrado

Iceberg del futbolista.

Cuando se piensa en el futbolista, el ideario social es el de una persona que tiene dinero, reconocimiento, éxito y privilegios. Y esa construcción, errónea, finita, fallida y falaz invisibiliza muchísimas cuestiones.

El futbolista profesional promedio es sostén de una familia que se tuvo que mudar demasiadas veces, es una persona que posiblemente ha tenido que dejar a sus padres en su pueblo muy de chico para boyar por ahí atrás de su sueño. Es una persona de entre 17 y 37 años que no hizo una diferencia económica como la minoría que representa el imaginario social de su profesión.

Es una persona que deposita en el criterio ajeno la sensación de valía, de utilidad, como si fuera una simple herramienta. Es una persona que bajo ese principio se ha tenido que codear con dirigentes inescrupulosos, técnicos altaneros, representantes mentirosos e hinchas ignorantes.

Es una persona que, por los contextos de su profesión, vive en el aquí y el ahora. Que siente como el fin de ese mundo una lesión o un reemplazo. Que carece del aprendizaje y la mentoría para contextualizar todas las situaciones como se debe dentro de su arremolinada inmediatez.

Es una persona que incorporó discursos tóxicos desde una edad en la que no podía razonar con madurez, con frases del estilo "el fútbol son momentos", "el tren pasa solo una vez", "hay que aprovechar todo lo que puedas, porque esta carrera es muy corta", sin nunca haber sido ayudado a pensar que los momentos son provocados por ellos mismos, que los trenes pasan seguido por las estaciones, y que la longitud de sus carreras está en sus manos, como todas las otras cosas.

Es una persona que convenientemente es posicionada por el negocio como actor de reparto, cuando en realidad es protagonista, porque sin ellos esto del fútbol no existe.

Es una persona generalmente egoísta e individualista, por defenderse de la hostilidad de su entorno que lo cosifica, lo utiliza y lo desecha con la misma y asombrosa pasividad y velocidad.

Es una persona que siente el miedo de una forma más cotidiana, más expuesta, más cruel y más silenciada. Es una persona que teme, pero que no puede hablar de ese temor, por cultura, por error.

Es una persona a la que le estructuraron la vida, siempre diferente a la de su entorno, siempre a contramano. Debe trabajar a fondo por 22 semanas, dándolo todo, sin feriados, sin fiestas, sin cumpleaños, sin reuniones con amigos, para descansar por 4 semanas y volver a esas 22 de nuevo, desde siempre. Y esa estructura se convirtió en el esqueleto de sus días, por años.

Y convive en un ambiente en el que hay que estar inmerso para darse cuenta de la profundidad de las variantes de sufrimiento que se ponen en juego. La persona que juega el fútbol es un futbolista tanto dentro como fuera del ambiente. Muchas veces, la personalidad deportiva hasta se inmiscuye dentro de la personalidad social general, así, por ejemplo, un recio defensor dentro de la cancha también debe ser una figura de autoridad y severidad fuera de ella, algo totalmente ilógico. Hasta la popularidad dentro del vestuario tiene que ver con qué tan buen jugador se es y cuánto le aporta al equipo, y no qué tan agradable persona resulta ser.

En conclusión, la dedicación exclusiva desde tan temprana edad hace que un enorme porcentaje de la identidad personal se centre en lo que esa persona puede hacer dentro de la cancha. Desde chicos son identificados simplemente como “futbolistas” y medidos bajo el principio de utilidad en base a “valioso si rinde, descartable si no rinde”. Si se es “bueno”, si le sirve ocasionalmente a alguien de turno, tiene valor, y que si no, va para afuera, sin mediar explicación, palabra o empatía. Ese es el entorno cultural de la persona que juega el fútbol.

CAPÍTULO 3

APORTES DESDE LA SOCIOLOGÍA DEL COMPORTAMIENTO

Uno de los primeros científicos que exploraron la dinámica del esfuerzo de grupo fue un ingeniero agrícola francés llamado Maximilien Ringelmann. El mismo realizó, durante los años 1882 y 1887, diversos estudios sobre la acción de tirar de una cuerda tanto de forma individual como con grupos de dos, tres y hasta ocho personas mientras él medía la fuerza que realizaban. La hipótesis inicial con la que partía Ringelmann era que, cuando los individuos integran un grupo, la fuerza total con la que se tiraría de la soga sería de mínima igual o superior a la fuerza individual que cada uno ejercía cuando tiraba solo de la misma soga. Entonces, añadir más personas al grupo que tira de la soga tendría un efecto multiplicador en la fuerza total.

Pues no fue así. Aunque la fuerza aplicada en efecto se incrementaba con cada nueva persona añadida, la fuerza promedio aplicada por cada persona se reducía. Lejos de amplificar la potencia de los individuos, el acto de tirar en equipo hacía que cada persona ejerciera menos fuerza que cuando lo hacía sola. De hecho, los datos obtenidos fueron que, cuando se tiraba de forma individual, uno contra el otro, se realizaba un esfuerzo equiparable al

100%. Ahora bien, ya cuando la consigna indicaba que lo tenían que hacer por parejas, el esfuerzo era del 93%. Por tríos bajaba al 85%. Y así hasta que en un grupo de ocho personas cada una se esforzaba un 49% de su capacidad. A medida que el número de miembros que tiraban de la cuerda era mayor, el esfuerzo del resto de miembros disminuía progresivamente. Las observaciones de Max Ringelmann se publicaron en 1913, demostrando así que el trabajo grupal de los diferentes equipos no alcanza a la suma de los esfuerzos individuales.

En sintonía, en 1979, un grupo de científicos de la Universidad Estatal de Ohio pidieron a los sujetos experimentales que gritaran lo más fuerte que pudieran y grababan el número de decibelios que producían. Luego juntaron a los sujetos en grupos y les pidieron que gritaran lo más fuerte posible de nuevo. Los resultados fueron un reflejo de los de Ringelmann: los alaridos de cada persona en grupo eran hasta un 20% más flojos que por separado. Una y otra vez, los investigadores probaron diversas variaciones de la prueba de la soga de Ringelmann, obteniendo los mismos resultados. Era algo propio de la naturaleza humana: cuanto menos identificable resulta el esfuerzo de una persona, esta menos se esfuerza.

Los investigadores relacionaron esta merma con falta de motivación, entonces, sugirieron que, con el fin de motivar a los miembros de un equipo, es importante hacer que el desempeño individual de cada participante sea reconocido, lo que colaboraría con que el esfuerzo de las personas sea superior. Cuando las personas trabajan en grupos, la responsabilidad a nivel individual disminuye. Esto es un fenómeno cotidiano y sociológico, nos sucede a todos dentro de las dinámicas de nuestra vida diaria. Cuando nos repartirnos tareas con otros, siempre pensamos que ese o esos otros van a estar aportando lo que a uno le falta. El problema reside en que los demás integrantes de ese colectivo también están con la misma percepción, entonces aquello de lo que cada uno se desliga queda sin hacerse. Como la responsabilidad no es percibida como total, la apropiación de ese deber tampoco es completo.

Para complementar estas cuestiones, un grupo de investigadores de la Universidad de Fordham decidieron comprobar si había algún modo de superar este fenómeno de desresponsabilización colectiva. Querían verificar si una persona que hacía un esfuerzo máximo podía incitar a otras a mejorar su rendimiento. Los científicos agruparon a sus "gritones" en parejas y, antes de que empezaran a gritar, les dijeron que sus compañeros eran personas que se esforzaban al máximo. En tales situaciones ocurría algo interesante: las parejas gritaban con la misma fuerza juntas que separadas. El hecho de saber que un compañero lo daba todo bastaba para predisponer a la gente a dar más de sí misma.

Este experimento demostró que un gran esfuerzo, o la simple percepción de que se realiza un gran esfuerzo, se transfiere. En otras palabras, el efecto Ringelmann puede contrarrestarse. El antídoto consiste en saber que hay alguien más en el grupo que no se guarda nada. En posteriores investigaciones de otros grupos de científicos se ha podido demostrar que las formas tradicionales para la motivación como la fijación de objetivos y dar recompensas o castigos no se contemplan como un camino para la reducción del efecto Ringelmann.

Así como el anterior, a lo largo de los años han habido otro número considerable de experimentos de índole social que no han tenido resultados inesperados, algunos de los cuales se comentan a continuación.

En el experimento del violinista en el subte, en Enero de 2007, unas 1000 personas pasaron por cierta estación de subterráneo en Washington DC, donde, sin publicidad alguna, el virtuoso del violín Joshua Bell dio un concierto de 45 minutos, tocando 6 piezas clásicas (2 de Bach) en su Stradivarius de 1713, valorado en3.5 millones de dólares. A diferencia de lo esperado por los investigadores, quienes hipotetizaban que ese espectáculo iba a causar interés, solo seis personas se detuvieron y se quedaron a escuchar un rato. Unas veinte le dieron dinero, pero continuaron su camino. Consiguió 32 dólares en esos 45 minutos. Cuando terminó de tocar, nadie se dio cuenta, ni lo aplaudieron ni lo reconocieron. Nadie se dio cuenta de que uno de los mejores músicos del mundo había tocado una pieza complicadísima en un violín carísimo. Las conclusiones del experimento hicieron cuestionamientos acerca del valor

de la belleza, y cómo el contexto y la presentación hacen la diferencia. Bell había tocado 3 días antes en el Boston Symphony Hall, con lleno absoluto y entradas de más de 100 dólares. Para que lo extraordinario se destaque es imprescindible el acompañamiento de un contexto adecuado.

El experimento de la habitación llena de humo de finales de la década de 1960 es un buen ejemplo de cuánto confían las personas en las respuestas de los demás para guiar sus acciones. Los investigadores descubrieron que la respuesta a esta pregunta depende en gran medida del número de otras personas presentes. Es mucho más probable que ayudemos cuando somos el único testigo, pero mucho menos probable que echemos una mano cuando somos parte de una multitud, algo similar al efecto Ringelmann, que, en este caso, dieron por nombre "efecto espectador". El mismo hace alusión a la falta de acción de las personas cuando hay otras presentes. El experimento consistió en lo siguiente: colocaron a personas aisladas dentro de una habitación a rellenar un cuestionario, a los pocos minutos los investigadores comenzaron a hacer ingresar humo en esa habitación por debajo de la puerta. ¿Qué hicieron los sujetos? Sin mediar detenimientos, se levantaron, y se fueron a buscar a alguien con premura. Ahora bien, cuando dispusieron a otros sujetos en la misma habitación rodeado de cómplices de la investigación y empezó a ingresar el humo, la conducta de los sujetos investigados fue asombrosamente distinta. Al estar solos, el 75% de la gente informó del humo inmediatamente. El tiempo medio en informar de ello eran dos minutos tras ver el humo. Pero cuando había actores presentes que debían actuar como si no pasara nada, solo el 10% de los sujetos se marcharon o informaron al respecto. Nueve de cada diez siguieron rellenando el cuestionario, frotándose los ojos y quitándose el humo de la cara. Fue un gran ejemplo de la respuesta en situaciones de emergencia ante sujetos pasivos. Los seres humanos dependen en sobremanera de la respuesta de los otros, incluso contra sus propios instintos. Si todos actúan como si no pasara nada, pues no pasa nada, lo que constituye un error. No hay que esperar la conducta ajena para ponerse en acción.

En la campaña publicitaria de Dove, "Real beauty sketches", de 2013, se les solicitaba a mujeres que se describieran a sí mismas ante un artista forense del FBI, que las retrataba basándose en su descripción. Luego, personas desconocidas describían el aspecto de esa misma mujer y el artista hacía otro retrato. Las participantes recibían ambos retratos y eran radicalmente distintos. Los retratos basados en las descripciones de desconocidos eran claramente más meticulosos y mostraban a mujeres más bellas y felices. Las personas suelen exagerar sus propios defectos, y los desconocidos ven la apariencia como un todo, centrándose en lo positivo. Muchas de las mujeres participantes se dieron cuenta de que su percepción de sí mismas estaba distorsionada y eso afectaba a partes de sus vidas de forma significativa. La autopercepción de las cosas, especialmente de las propias, siempre tiene un sesgo más negativo de lo que realmente son, con referencia a cómo los demás lo aprecian. Hay que tener cuidado con construir pensamientos y sentimientos teniendo a la autoimagen como la única fuente.

En 2009, el grupo The Fun Theory probó que la manera más fácil de cambiar el comportamiento humano para mejor es haciendo que sea divertido. The Fun Theory fue creada por Volkswagen Suecia y la agencia de publicidad DDB Stockholm a modo de competición. Querían demostrar que la diversión es la forma más fácil de cambiar el comportamiento de las personas para mejor, y lo hicieron con el siguiente ensayo. El experimento consistió en cambiar una escalera mecánica normal por una musical en una estación de subte muy frecuentada de la capital sueca. Al pisar los escalones, la gente tocaba una melodía en un piano gigante. La hipótesis pretendía probar que las personas subirían las escaleras con más frecuencia que las escaleras mecánicas o el ascensor si conseguían que hacerlo fuese divertido. En la práctica, las escaleras musicales fueron usadas un 66% más que las escaleras normales. La idea se compartió por todo el mundo y se instalaron otras en Seúl, San Francisco, Ciudad de México, Sarajevo y otras ciudades.

No contentos con eso, se dispusieron a profundizar sus hallazgos con una segunda investigación, igual de brillante. Habiendo detectado en harto común que en los espacios públicos, como parques

y jardines, la gente que transita arroja sus desperdicios al suelo sin el mayor reparo, se preguntaron cómo hacer para que las personas cambien sus hábitos y colaboren con la higiene pública con la intención de que se utilicen adecuadamente los botes de basura que existen en las calles. Entonces en diversos parques y jardines de Estocolmo instalaron dentro de los tachos de basura un dispositivo electrónico —sensor de movimiento— y dos bocinas escondidas para que cada vez que el tacho reciba un objeto reproduzca un sonido, un silbido gracioso como si el objeto cayera dentro de algo muy profundo, en lo que denominaron "el tacho de basura más profundo del mundo". Los resultados superaron las expectativas. Los tachos pasaron de recoger 41 kg a 72 kg de basura en un solo día, y el experimento provocó en la gente ataques de risa, asombro, diversión, al punto que, para repetir la experiencia, varias personas hacían hasta lo imposible por seguir recogiendo desperdicios de los parques. The Fun Theory probó que la diversión es uno de los recursos más poderosos para cambiar los comportamientos humanos, hasta aquellos que despiertan una dosis mayor de pereza.

Cerremos con uno controversial, por sus métodos más que por sus conclusiones. Antes, algo de contexto. En psicología es muy conocida, difundida y aceptada la teoría del apego. La teoría del apego es, a grandes rasgos, una construcción teórica que describe la dinámica a largo plazo de las relaciones entre los seres humanos. Su principio más importante declara que un recién nacido necesita desarrollar una relación con al menos un cuidador principal para que su desarrollo social y emocional se produzca con normalidad. Su principal exponente es John Bowlby, a él se le debe la noción y las producciones científicas del tema. El apego, entonces, a partir de Bowlby, es entendido como una vinculación afectiva intensa, duradera, de carácter singular, que se desarrolla y consolida en un momento entre dos individuos, por medio de sus interacciones. Desde el punto de vista emocional, el apego surge cuando se está seguro de que la otra persona estará ahí incondicionalmente, lo que facilita que aparezcan la empatía, la comunicación emocional y el cariño entre estas personas. Desde el punto de vista cognitivo, la propia existencia de una relación de apego conlleva a la construcción de un modelo mental de esa relación. Según Bowlby, la conducta de apego tiene dos funciones básicas: una función biológica, que es obtener protección para asegurar la supervivencia, y la otra de carácter más psicológico, la de adquirir seguridad. La teoría del apego se relaciona intrínsecamente con la noción de gregarismo que se le adjudica a los seres humanos. Los seres humanos somos gregarios. Esto quiere decir que nacemos y vivimos como miembros de una agrupación de personas llamada sociedad; sin la cual no podríamos existir, porque individualmente, solos y aislados, seríamos más incapaces y estaríamos más indefensos. Y esto va desde la génesis de la vida hasta la conformación de grupos y sociedades; también equipos deportivos.

Dentro de este paradigma, Harry Harlow, psicólogo experimental estadounidense ideó un experimento durante los años sesenta que, evidentemente, sería impensable a día de hoy, el cual consistió en separar a un mono Rhesus bebé de su madre. A partir de allí diseñó un modelo experimental donde los monos permanecían en una jaula con:

- Una madre artificial de alambre, la cual proporcionaba toda la comida necesaria en un biberón.
- Una madre artificial de felpa, que no brindaba ningún alimento.

La madre de tela no aportaba nada al bebé más allá de confort, pero la madre de alambre era la que tenía integrado un sistema para alimentarlo. Los investigadores vieron cómo el mono pasaba la mayor parte del día con la madre de tela y solo se acercaba a la de alambre una hora al día, a pesar de la clara asociación de esta con la comida.

Lo primero que se hizo evidente fue el hecho de que los monos solo pasaban el tiempo necesario para comer con la madre de alambre y todo el resto del tiempo lo pasaban con la de felpa. Todas estas observaciones permitieron concluir que para los monos era más importante la madre que les daba cuidado y no la que solamente les alimentaba. Para los monos primaba la madre que les otorgaba protección en comparación con la que solo les proveía los sustentos vitales.

Y eso es así en los seres humanos también. Estamos en nuestra mejor versión allí en donde nos sentimos valorados, protegidos y cuidados. No se trata solo de sobrevivir.

CAPÍTULO 4

DEL "YO" AL "NOSOTROS". COHESIÓN. EL EQUIPO ES EL OTRO

La cohesión es ese constructo del que todos saben, muchos opinan, pero para el que no todos aportan. Más aún, cuando se les pregunta a los diferentes actores del ambiente, todos pueden dar cuenta de una definición más o menos precisa del concepto, no así de las particularidades ni de las acciones que hay que encarar para favorecer o dinamitar el mismo. Como sucede con casi cualquier constructo de psicología del deporte, el conocimiento que se tiene de este concepto, en particular en el fútbol, es superficial y vacío.

Con la intención de ilustrar, entonces, la cohesión es ese "pegamento invisible" que agrupa y aglutina a los distintos componentes del grupo, y surge a partir de la correcta armonización de las distintas características inherentes a todos los grupos, como por ejemplo: una aceptación y acuerdo de los objetivos grupales, y la distribución de roles tal que todos se encolumnan detrás de eso. Distintos autores definen a la cohesión como un proceso dinámico que engloba la tendencia de un grupo a permanecer unido para perseguir objetivos instrumentales y la satisfacción de las necesidades afectivas de los miembros (Carron, Brawley y Widmeyer, 1998). En un equipo deportivo puede tomarse como el grado en

que los jugadores están motivados para practicar y competir como equipo, y "permanecer juntos" en ese proceso.

Ahora bien, la cohesión es un concepto multidimensional, que incluye:

- Cohesión de tarea: refiere al nivel de unidad de un equipo en el desempeño de sus tareas, centrada sobre el terreno de juego.
- Cohesión social: refiere al nivel de unidad de un equipo en afinidades personales.

Mientras la cohesión social es necesaria, la cohesión en la tarea es imprescindible. Ambas se complementan y ayudan a dar cohesión interna, a construir un auténtico equipo, eso la hace muy importante. A su vez, el nivel de cohesión del equipo predice positivamente el desempeño del equipo, y el desempeño del equipo predice positivamente la cohesión del equipo (Filho, Dobersek, Gershgoren, Becker y Tenenbaum, 2014). En otras palabras, si un equipo está más cohesionado, es más probable que se desempeñe bien, lo que a su vez conducirá a un equipo más cohesionado, estableciéndose así una retroalimentación.

Así, se torna importantísimo hacer entender a todos los individuos particulares que conforman el equipo deportivo acerca de la importancia de la cohesión, de que todos son capaces de aportar su granito de arena en pos de la conjunción. El jugador necesita del equipo, el talento individual cobra sentido y valor al servicio del equipo, el rendimiento individual se beneficia del buen trabajo del equipo. El jugador solo puede acceder al logro de sus objetivos individuales a través del éxito del equipo. El equipo hace jugar mejor, hace mejores a sus jugadores, logra campeonatos, aumenta la posibilidad de ingresos económicos, mejora la proyección profesional y otorga prestigio, entre otras cosas que buscan los jugadores y sus familias a nivel individual. Es entonces así cómo jugador y equipo se necesitan de forma mutua. Los jugadores tienen que establecer complicidad con el equipo, y el equipo debe generar en correspondencia compromiso por parte de ellos. Se trata de una simbiosis

que enriquece y desarrolla a ambos. El equipo es el mejor socio que puede encontrar el jugador para su rendimiento.

Para que el equipo pueda despertar compromiso necesita de unos componentes de identidad que le hagan ser único y diferente, y que van a contribuir a que sus miembros se sientan diferentes por pertenecer a él. Los valores compartidos por los miembros del equipo le dan una personalidad particular a ese equipo. Los valores son como las raíces de los árboles. El árbol bien enraizado aguanta las variantes del clima, mientras que otro con poca raíz sucumbe. Los valores organizan el comportamiento de las personas dentro del equipo.

Un equipo cohesionado tiene complicidad y compromiso por parte de sus jugadores. Todos en la misma dirección supone mucha más fuerza que cada uno a por su interés. Un equipo cohesionado tiene "alma", piensa, siente, trabaja como uno y reacciona como uno, es identificable por sus valores y su forma de trabajar o competir sobre el terreno de juego. La cohesión interna coincide con la etapa de madurez de un equipo, en la que desarrolla su mejor rendimiento. Muchos planteles nunca alcanzan la condición de equipo, no pasan de ser un grupo de profesionales que comparten una actividad y unos objetivos, pero que no sienten complicidad ni compromiso. "Ser equipo" se siente, supone un componente emocional, es complicidad, compromiso, vinculación, identificación, sentimiento de pertenencia, cohesión interna.

El equipo se construye entre todos. El ideario popular le asigna al entrenador la responsabilidad máxima en ese menester, pero no es así, no puede construirlo solo. Necesita de la ayuda de todos y cada uno de los miembros del equipo. Cada uno desde su rol debe trabajar para el equipo, alinear sus intereses con los del equipo y entender que la satisfacción de las metas personales llegará a través del éxito del equipo. ¿Qué está dispuesto a hacer cada uno por el equipo? Esa es la reflexión. No todos tienen que hacer lo mismo, cada uno debe hacer lo suyo, lo que le compete desde su rol.

El contexto de trabajo en equipo determina el rendimiento individual. En un contexto en el que no existe complicidad o compro-

miso, no se puede hablar de equipo, no se puede esperar un rendimiento individual óptimo. El jugador juega mejor cuanto mejor juega el equipo, el jugador compite mejor cuanto mejor compite el equipo, el jugador es mejor cuanto mayor rendimiento tiene el equipo. Muchas veces el análisis se realiza a la inversa equivocadamente, "el equipo no funciona porque los jugadores importantes no están rindiendo". No es así. Mejorando el contexto de trabajo en equipo, los buenos jugadores multiplicarán su rendimiento, marcarán la diferencia.

Una consecuencia de este análisis es que el auténtico protagonista es el equipo. Jugar bien es una tarea colectiva solo posible desde el trabajo en equipo, en el que las aportaciones individuales, siempre necesarias, han de estar al servicio de un plan de juego, de una tarea colectiva. Todos los jugadores son necesarios, ninguno es imprescindible. El único imprescindible es el equipo, ese es el jugador más importante y decisivo. Y no se puede comprar, ha de ser construido internamente. La calidad y el talento individual se pueden fichar, la cohesión se construye. No hay dinero con el que poder comprar la cohesión interna. Esta es el resultado del trabajo de todos los integrantes del equipo, dirigido y coordinado por el entrenador.

Los equipos que carecen de cohesión entre sus miembros manifiestan situaciones como la formación de subgrupos dentro del mismo equipo, el empobrecimiento o ausencia de comunicación entre los jugadores, la negación de responsabilidades ante un error colectivo, echando la culpa al resto, y una alta competitividad intergrupal. Un concepto relacionado con la cohesión es la sinergia: no es más que el trabajo conjunto que produce un resultado total igual o mayor que el que se producirían con la suma de las partes.

Ahora bien, para alcanzar el estado de un equipo cohesionado, según Balaguer en "Las relaciones entre el entrenador y el deportista" (1994), la formación de un equipo es un proceso evolutivo en el que los grupos pasan por una secuencia de desarrollo de cuatro fases, que va desde la agrupación inicial de esas personas hasta el equipo propiamente dicho (Tuckman, 1965). Aunque la duración de cada fase puede variar para los distintos grupos, las cuatro fases incluyen: constitución, conflicto, normalización y ejecución.

- Constitución: en la primera fase del desarrollo del equipo sus miembros se familiarizan unos con otros. Las personas tratan de determinar si pertenecen al grupo y, en caso de ser así, cuál es su papel asignado. Después de que cada deportista ha encontrado su sitio en la estructura del equipo, se constituyen y ponen a prueba las relaciones interpersonales, incluidas las que se crean entre los líderes (por ejemplo, los entrenadores) y el resto de integrantes. A los miembros del equipo que carezcan de una identificación fuerte con el mismo les costará construir relaciones positivas con otros compañeros.
- Conflicto: la segunda fase se caracteriza por la rebelión contra el líder, la resistencia al control por parte del grupo, y/o el enfrentamiento interpersonal. Tanto los miembros como el líder establecen sus papeles y sus estatus en el grupo, y eso desencadena luchas internas. Este conflicto puede extenderse al terreno físico, pudiendo surgir peleas en la medida en que los jugadores rivalizan por un puesto en el equipo o por una posición dentro del grupo. Muchas de estas luchas son de naturaleza interpersonal y social.
- Normalización: durante la normalización, la solidaridad y la cooperación sustituyen a la hostilidad. En vez de preocuparse solo por su respectivo bienestar personal, los deportistas trabajan juntos para alcanzar objetivos comunes. Es en esta fase que se produce la cohesión al unir esfuerzos y construir la unidad del equipo. Los respectivos papeles dan estabilidad, y, en lugar de competir por el estatus o algún tipo de reconocimiento, la meta es la economía de esfuerzo y la eficacia en la tarea.
- Ejecución: en esta fase final, los miembros del equipo se unen para canalizar sus energías a fin de lograr el éxito del equipo. Las cuestiones estructurales están resueltas, las relaciones interpersonales, estabilizadas, y los papeles, bien definidos.

Es solo después de haber atravesado estos cuatro estadios que un equipo se constituye como tal, será tarea de las personas que portan alguna responsabilidad dentro del grupo la de conocer las complejidades de este proceso y acompañar en las distintas variantes particulares que cada confirmación en su seno interno hayan de atravesar.

¿Cómo se mide la cohesión de un equipo? Los psicólogos del deporte tienen a su disposición una herramienta llamada sociograma. Los sociogramas son el método más diseminado para de medir la cohesión de un grupo, al poner de manifiesto la afiliación y atracción entre los integrantes del grupo, e incluir:

- La presencia o ausencia de subgrupos,
- Las percepciones que los miembros del grupo tienen de su proximidad recíproca,
- Las preferencias de amistad dentro del grupo,
- El aislamiento social de los miembros del grupo,

El conocimiento de esta información ayuda a afrontar problemas interpersonales antes que se vuelvan perjudiciales.

Para cerrar, en la revista de psicología deportiva *Saber Competir*, José Carrascosa, psicólogo deportivo español con más de 25 años de experiencia en el campo, comparte algunas indicaciones para construir efectivamente la cohesión interna de un equipo.

¿Qué puede hacer el entrenador?

- Conocer bien al futbolista. Es necesario para el entrenador conocer bien al futbolista, su personalidad, nivel educativo y cultural, contexto sociofamiliar, metas motivacionales, y actitudes hacia el trabajo en equipo. Tener un cierto conocimiento de cada miembro del equipo ayuda a situar el punto de partida en el trabajo del entrenador para así adaptarlo a la realidad del vestuario. Se trata de conocer bien el capital humano con el que se trabaja para conjuntamente lograr el mejor rendimiento posible.

- Crear un clima de comunicación. La cohesión interna depende en gran medida de la cantidad y calidad de las redes de comunicación que se establecen dentro del grupo de trabajo. Si el entrenador habla y los jugadores escuchan, la comunicación es pobre. Debe cruzarse una comunicación pluridireccional entre entrenador, cuerpo técnico, capitanes, jugadores, cuerpo médico, psicólogo; de todos entre todos. Cuando existe un clima cordial, respetuoso, en el que cualquiera se siente abierto a aportar, la complicidad es mucho mayor entre sus miembros. Redes de comunicación ricas y en todas las direcciones hacen equipo.
- Potenciar en el vestuario una cultura de trabajo en equipo. El entrenador es el responsable de este "marketing interno" dentro del vestuario, para lograr el convencimiento por parte de los futbolistas de las bondades del trabajo en equipo. Más importante que sus comentarios son sus acciones y comportamientos.
- Favorecer la competencia interna, pero no de forma desmedida. Estimular la cultura del esfuerzo mediante la competencia interna es un buen paso para potenciar el trabajo en equipo. La competencia excesiva es peligrosa, ya que puede acabar atentando contra las relaciones personales, e indirectamente obstaculizar el sentimiento de equipo. La ausencia de competencia es un factor muy negativo. Una distinción clara entre titulares y suplentes, que participen en la competición de forma habitual 14 o 15 jugadores, por ejemplo, es un atentado contra la cohesión interna.
- Potenciar unos valores compartidos. Los valores organizan el comportamiento de las personas y de los grupos o equipos de trabajo. Los valores estimulan comportamientos. Unos valores definidos y compartidos favorecen un comportamiento homogéneo dentro del equipo.
- Estimular la identidad del equipo. El entrenador ha de hacer que el equipo se sienta único y diferente, de forma que tenga su propia marca o patente que le distinga de los demás. Las señas de identidad pueden establecerse en torno a diferentes

factores, como la historia del club, la idea de juego, unos valores compartidos o la relación con el entorno social. El equipo tiene que tener su propia personalidad.

- Pautar normas básicas de convivencia. La convivencia interna favorece la posibilidad del trabajo en equipo. La convivencia es fruto de la implicación de todos los miembros. Llevarse bien, no necesariamente ser amigos, es un requisito previo para poder trabajar juntos. Las normas pueden ser consensuadas o impuestas. En la actualidad, se recomienda la participación de todos los miembros del equipo en el establecimiento de las normas, lo que garantiza un mayor compromiso con las mismas por parte de todos.
- Establecer objetivos desafiantes de equipo. Cuando el futbolista se identifica con los objetivos del equipo, y siente que están al alcance, le resulta más fácil implicarse en el trabajo cooperativo o colectivo. Han de ser objetivos difíciles, pero asequibles. No motiva lo imposible ni lo fácil. El futbolista tiene que sentir que necesita al equipo para satisfacer sus metas personales y debe percibir que no se trata de un imposible. Es responsabilidad del entrenador la de lograr esta complicidad interesada, pero también generosa.
- Distribuir y aceptar los roles. Cuando cada futbolista tiene claramente identificada su función en el trabajo del equipo, puede entender mejor su papel en el éxito del equipo. Así, se sentirá con una importancia relativa, como una pieza más del complicado engranaje de ese equipo. Con mayor o menor protagonismo, pero con una importancia similar a la de los demás, siempre desde papeles diferentes. Todos son necesarios, pero ninguno es imprescindible, únicamente el equipo.
- Impulsar y usufructuar la aparición de líderes en el vestuario. Cada vez es más absurdo entender el liderazgo del equipo desde un liderazgo individual y personalista. Los equipos se mueven gracias al protagonismo de varios líderes, que aúnan esfuerzos y colaboran conjuntamente. Los capitanes pueden ser colaboradores extraordinarios en el proceso de construcción permanente del equipo.

- Desarrollar el sentimiento de orgullo dentro del equipo. El equipo necesita reconocerse a sí mismo, tener identidad. Es responsabilidad del entrenador darle esa identidad, convencer a sus futbolistas de que ellos son eso, y construir desde ahí.
- Permanecer en contacto con el equipo. El entrenador debe saber casi todo lo que pasa en el equipo sin estar continuamente presente.
- Mantener reuniones con los líderes del vestuario. El entrenador no tiene que desgastarse en un sinfín de reuniones con el equipo. Los capitanes son los mediadores entre el entrenador y el plantel. Reuniéndose con ellos, y delegando en ellos algunas tareas, se multiplica la capacidad de trabajo y de influencia del entrenador. El entrenador refuerza su propia autoridad dejando hacer a sus colaboradores. Estas reuniones se deben realizar de forma puntual, cuando sean necesarias, conforme surjan los asuntos en la dinámica diaria. No obstante, debería de haber reuniones. Pueden ser reuniones informales, cuando se busca el intercambio de pareceres.
- Corregir puertas adentro, defender al jugador y al equipo de puertas afuera. La corrección conviene que se haga primero a título individual, y hablar de situaciones a nivel grupal, sin necesidad de personalizar. Es fundamental que el entrenador genere un clima de confianza para que el futbolista se exprese, opine, pregunte y sea receptivo a las correcciones. El vestuario es el lugar idóneo para tratar los conflictos.
- Planificar el proceso de construcción de la cohesión interna y programar acciones que contribuyan a lograr este objetivo. El entorno del fútbol cada vez es más exigente con los responsables de la gestión de los clubes y con los entrenadores, de forma que conviene ir dando un paso hacia la tecnificación también en el ámbito de la gestión emocional.

¿Qué pueden hacer los futbolistas?

El papel de los jugadores en la construcción del espíritu de equipo es decisivo. El entrenador marca la pauta, pero los jugadores las desarrollan impregnándolas de su estilo.

Con respecto a sus compañeros:

- Tratar de conocerlos y empatizar.
- Entender las diferencias individuales.
- Integrarlos, ayudarlos y valorarlos.
- Ser responsables y coherentes.
- Servir de ejemplo para los más jóvenes.
- Comunicarse con el entrenador con sinceridad.
- Afrontar los conflictos con la intención de resolverlos.
- Respetar la intimidad del vestuario.
- Sentir y pensar en "nosotros".

CAPÍTULO 5

LIDERAZGOS

Si se va a hacer honor al título de este libro, y se pretende terminar de cerrar correctamente este apartado dedicado a los aportes de la psicología del deporte en lo referido al Factor Social, resulta imposible dejar de lado cuestiones asociadas al liderazgo.

Liderazgo, entonces, acorde al Diccionario de la lengua española (1986), es "la dirección, jefatura o conducción de un partido político, de un grupo social o de otra colectividad", a su vez, el Diccionario de Ciencias de la Conducta (1956) lo define como las "cualidades de personalidad y capacidad que favorecen la guía y el control de otros individuos.

La cuestión del liderazgo ha sido abordada por una multiplicidad de miradas y en distintos contextos, siendo los pioneros el contexto empresarial y el militar, desde donde surgen las primeras aproximaciones teóricas al constructo. En el ámbito deportivo, y ya a posteriori, se le han otorgado un variado número de enfoques teóricos al estudio del liderazgo, algunos de ellos son (Crespo, Balaguer y Atienza, 1994): la teoría de los rasgos (Andrud, 1970; Bass, 1981; Gagen, 1971; Hendry, 1972; Sage, 1975); el enfoque situacional (Case, 1980; Cox, 1983); el enfoque interaccionista (Carron

y Bennett, 1977); el enfoque atribucional (Cooper y Payne, 1973; Krauss, 1975); entre otros. Weinberg y Golud, en "Fundamentos de Psicología del deporte y el ejercicio físico", señalan que el liderazgo es "el proceso conductual de influencia entre individuos y grupos en el logro de sus objetivos". Un líder sabe dónde va el grupo o equipo (es decir, sus metas y objetivos), y proporciona la dirección y los recursos necesarios para ayudarle a llegar hasta allí. Diego Sagredo, en su libro *Jugar con ventaja: Las claves psicológicas del éxito deportivo*, se apoya en la teoría del liderazgo de Kurt Lewin formulada a partir de una investigación experimental. En 1939, Lewin y sus colaboradores llevaron a cabo un experimento en el que establecieron tres tipos de liderazgo, en tres grupos de niños distintos, con el fin de observar el efecto que se producía. Así, esos tres grupos de niños se reunían luego del colegio con su respectivo líder, el cual había sido entrenado para ejercer la autoridad de una manera específica. Había un:

- Líder autoritario: tomaba todas las decisiones del grupo.
- Líder liberal: le daba total libertad al grupo sin prácticamente ninguna guía.
- Líder democrático: animaba activamente y ayudaba al grupo a tomar decisiones.

Cada seis semanas, el líder cambiaba de grupo. Dicha rotación se realizaba para que cada grupo de niños experimentara los tres tipos de liderazgo. Los resultados mostraron una gran variación de la conducta del grupo en torno a la modalidad del líder de turno. Resumidamente, se observaron los siguientes efectos principales:

- Líder autoritario. Bajo la dirección de este líder, los niños trabajaron más duro, pero solo cuando el líder los vigilaba. Además, mostraron un comportamiento más agresivo y hostil entre sí, acompañado de un nivel alto de sumisión.
- Líder liberal. Bajo este liderazgo, los niños hacían el mínimo trabajo posible y con peor calidad. La libertad absoluta sin una guía de cualquier tipo desembocó en descontrol, mostrándose diversas conductas desadaptativas.

- Líder democrático. Con el liderazgo democrático, los niños mostraron los niveles más altos de motivación, originalidad y dinamismo. Así mismo, la forma de relacionarse entre los niños fue cordial y afable.

El experimento se basó en el tipo de liderazgo y las condiciones sociales que se generaban a partir del mismo, y no así en el tipo de personalidad de los individuos, por lo que se lo considera incompleto. Aun así, del mismo se pueden desprender dos conclusiones:

- Las personas son moldeadas por su entorno social.
- Las personas no son completamente dueñas de sus actos, también es el entorno el que puede moldear la manera en que el sujeto ejerce sus actividades básicas.

Con la intención de pasar en limpio, entonces las características de los tres tipos de liderazgo planteados por Lewin serían las siguientes:

- Líder democrático o participativo: la manera de dirigir democrática es la más razonable y humana. El líder demócrata abre el juego a todos los miembros, los obliga trabajar activamente, a manifestar iniciativas, atiende sus opiniones y argumentos, se orienta a la opinión pública, organiza la discusión de las tareas del grupo, y delega una parte de sus atribuciones a varios integrantes del grupo. Su herramienta fundamental es la de utilizar la consulta para practicar el liderazgo. Si desea ser un líder participativo eficaz, escucha y analiza seriamente las ideas de sus colaboradores, y acepta sus contribuciones siempre que sea posible y práctico. Es un líder que se interesa por los jugadores y fomenta las relaciones. Tiene criterios disciplinarios flexibles y utiliza la crítica para impulsar cambios positivos. Es un líder que apoya en el colectivo, y no asume una postura de dictador. Sin embargo, la autoridad final en asuntos de importancia sigue en sus manos.
- Líder autoritario: este líder establece una rigurosa organización del grupo, una disciplina severa, distribuye con precisión

los deberes entre los miembros del grupo, no atiende la opinión de los miembros, no organiza debates, hace llegar al grupo solo una parte breve de la información de que se dispone, impone su opinión, reconoce solo órdenes, asumiendo toda la responsabilidad de la toma de decisiones, inicia las acciones, dirige, motiva y controla a los demás. La decisión y la guía se centralizan en el líder, no demuestra especial interés en establecer relaciones sociales cercanas con sus dirigidos. El autoritario observa los niveles de desempeño de los miembros con la esperanza de evitar desviaciones que puedan presentarse con respecto a sus directrices.

- Líder liberal: es el menos eficaz en el estilo de dirigir, y se inmiscuye menos que cualquier otro líder en la actividad del grupo, dirige según el principio de "hagan lo que quieran y como quieran". No presenta exigencias, no insiste y acepta todas las propuestas de los miembros del grupo para evitar enfrentamientos o conflictos. El grupo prácticamente no está organizado, las tareas se distribuyen caótica y espontáneamente. Es un líder poco formal que muestra disgusto hacia los procesos e improvisa.

Si bien, como se puede comprobar, la producción teórica es extensa, uno de los modelos de mayor aproximación y aceptación en la escena deportiva es el modelo multidimensional del liderazgo en el deporte (Chelladurai, 1978, 1990). El modelo conceptualiza el liderazgo como un proceso interaccional, es decir, sostiene que la efectividad del líder en el deporte está asociada a características situacionales tanto del líder como de los integrantes del grupo. Así, pues, el liderazgo efectivo puede variar (y de hecho, varía) en función de las características de los deportistas y de las limitaciones de la situación.

MODELO MULTIDIMENSIONAL DE LIDERAZGO

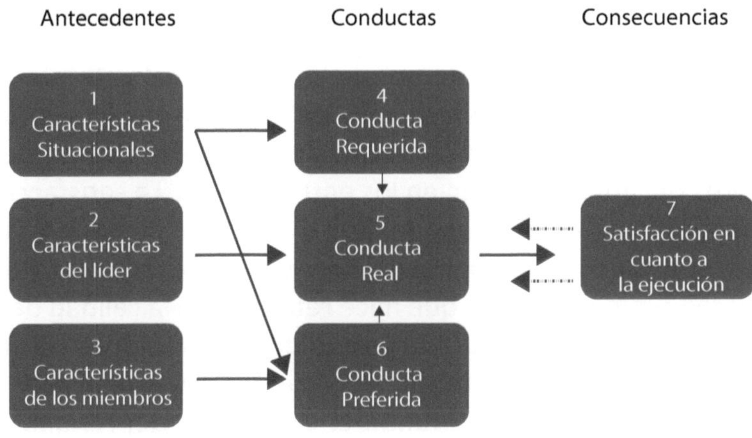

De acuerdo con Chelladurai, la satisfacción en cuanto a la ejecución (recuadro siete de la figura) depende de tres tipos de conducta de líder: la requerida (recuadro cuatro), la preferida (recuadro seis) y la real (recuadro cinco). La situación (recuadro uno), el líder (recuadro dos) y los miembros (recuadro tres) provocan estas tres clases de conducta, por lo que se les conoce como antecedentes.

Respecto a la conducta requerida del líder (recuadro cuatro): la situación exige que un líder se comporte de determinada manera. El sistema organizacional dicta las conductas, y se supone que las personas se van a someter a las normas establecidas. Se supone que los entrenadores se van a conducir de forma específica con sus jugadores, directivos y personal del club. Respecto de la conducta que se prefiere del líder (recuadro seis): los miembros del grupo también tienen preferencias por conductas específicas del líder. Y son variadas dependiendo de cada sujeto a la que esa persona esté liderando. Algunos prefieren subrayar el logro, otros la edad, el género, las destrezas y la experiencia, el manejo de grupos, etc. Sucede también que, a veces, los integrantes del grupo se acostumbran a ciertas conductas y, por tanto, a preferirlas, generalmente

cuando esas conductas tienden a demostrar haber tenido un éxito reciente. En lo que a la conducta real del líder se refiere (recuadro cinco): las conductas reales del líder son simplemente las que él exhibe. Según Chelladurai, las características del líder, como la personalidad, la capacidad y la experiencia, influyen directamente en dichas conductas. Se cree que la conducta real está afectada indirectamente por las preferencias de grupo y por lo que dicta la situación. Las características tanto de la situación como de los miembros del grupo influirán en los entrenadores. La satisfacción y el rendimiento están relacionados con el grado de congruencia entre los tres estados de conducta del líder y los antecedentes. Por un lado, el rendimiento es algo que hace referencia a la calidad de ejecución del deportista, a su grado de evolución, si mejora o no en un aspecto en concreto, si aprende algo nuevo. Hay que indicar que en muchas ocasiones se confunde el significado del rendimiento con el del resultado y, sin embargo, es algo que es muy importante diferenciar en este modelo. Por otra parte, la satisfacción hace referencia al grado de aprobación por parte de los deportistas sobre los distintos aspectos del liderazgo y los resultados obtenidos en un periodo de tiempo dado.

En conclusión, la congruencia o la combinación de las conductas requeridas, preferidas y reales afectan en conjunto al rendimiento y a la satisfacción, que no son independientes el uno de la otra. Este modelo se basa en la idea principal de que el grado de congruencia entre los tres aspectos de la conducta del líder es la condición necesaria más importante, y está relacionado de forma positiva con el rendimiento y la satisfacción de los miembros del grupo. Es decir, que el entrenador ha de intentar adecuar su conducta real de liderazgo a las preferencias de los deportistas y a los requerimientos de la situación.

Si bien, como demuestra la teoría multidimensional del desarrollo, los rasgos personales por sí solos no pueden dar cuenta de los motivos de un liderazgo efectivo, las investigaciones han identificado algunos componentes comunes y permanentes de los líderes efectivos, entre los que se incluyen las cualidades de los grandes líderes y los estilos de liderazgo.

Los componentes comunes son cuatro:

- Las cualidades del líder. Los líderes efectivos tienen en común las siguientes cualidades: inteligencia, firmeza, empatía, motivación intrínseca, flexibilidad, ambición, autoconfianza y optimismo. Son necesarias, pero no suficientes.
- El estilo de liderazgo. Hace referencia a un estilo democrático, centrado en el deportista, con una relación de cooperación y orientado hacia la relación.
- Los factores situacionales. El líder debe ser sensible a la situación y al entorno específico, debe tener en cuenta aspectos como tamaño del equipo, tiempo disponible, número de ayudantes, tradición, cultura del equipo, historia, etc.
- Las cualidades de los seguidores. Los deportistas con un nivel superior de destrezas prefieren un entrenador más orientado a la relación. Entre las características específicas de los participantes, que determinan si el liderazgo en el deporte será efectivo, se incluyen una serie de variables, tales como nivel de capacidad, personalidad, edad y experiencia.

El deporte y el entrenamiento deportivo tienen una naturaleza fundamentalmente interpersonal. Entrenar implica, entre otras cosas, relacionarse permanentemente con los demás, y tiene que haber alguien que establezca las metas comunes, enseñe el camino y los métodos que deben seguirse, asigne los roles correspondientes a cada uno de los miembros del equipo, motive a los jugadores para que cumplan las metas, y vele sobre los posibles problemas que puedan surgir. El entrenador es el encargado de determinar la filosofía general del equipo y procurar los medios para que se cumpla.

Los modelos de comportamiento de esta díada entrenador-jugador son aquellos que presuponen que el entrenador dirige, el jugador hace, ejecuta o resuelve. Es una relación unidireccional, desde el entrenador hacia el jugador. El entrenador habla y el jugador escucha, el entrenador dirige y el jugador obedece. ¿Por qué? Porque siempre ha sido así, y este modo de entrenar se transmi-

te de generación en generación. Para romper con este paradigma, nuevamente José Carrascosa, en la revista de psicología deportiva *Saber Competir*, atinadamente introduce un modelo efectivo y diferencial de relación entrenador-jugador, se trata del Modelo de Aprendizaje de Kolb.

Para Kolb, las claves del aprendizaje son:

- Partir de los hechos o utilizar la experiencia vivida;
- No juzgar ni dejarse llevar por impresiones;
- Fomentar la reflexión guiada que active la atención, despierte la curiosidad y abra el autoaprendizaje;
- Ofrecer criterios, argumentos y orientaciones que favorezcan el cambio de comportamiento o aprendizaje.

Este modelo rompe o supera otros excesivamente directivos, en los que la comunicación es unidireccional, desde el entrenador hacia el jugador. Desde este modelo, el entrenador guía al jugador para que aprenda de cada situación vivida, no desde la instrucción ni el adoctrinamiento, menos aún desde la imposición y el enojo, sí desde el despertar curiosidad, ayudar a la reflexión, y ofrecer criterios o argumentos de utilidad. El modelo de Kolb es un modelo de aprendizaje guiado, en el que el entrenador acompaña al jugador, estimula, organiza y favorece aprendizajes o cambios de comportamiento dirigidos a la gestión eficaz de situaciones.

En el aprendizaje por descubrimiento, el entrenador presenta tareas y el jugador explora de forma libre hasta ir encontrando las soluciones. En el proceso de análisis, búsqueda de soluciones y resolución de las tareas se generan los aprendizajes. El aprendizaje por descubrimiento está muy recomendado para jugadores con un buen nivel cognitivo o buenas posibilidades de aprendizaje, pero conlleva riesgos o dificultades en jugadores con un nivel normal o bajo, que son inhibidos de carácter o están sensibilizados hacia el error (miedo a equivocarse o temor a fallar). Además, es un proceso de aprendizaje lento y laborioso.

El Modelo de Aprendizaje de Kolb ofrece un proceso de aprendizaje estructurado en cuatro pasos:

- 1º paso: partir de la experiencia. Se ha dado una situación vivida o se plantea y se desarrolla una tarea. Se identifican los hechos, se hace una exposición de hechos. No se prejuzga nada ni a nadie, mucho menos al jugador, si se pretende que aprenda.
- 2º paso: formular preguntas. Se hacen preguntas al jugador o jugadores referidas a la situación vivida o a la tarea realizada, se realizan muchas preguntas. Ante las respuestas se formulan nuevas preguntas, de forma que el discurso evoluciona según las interacciones. Este ejercicio activa la atención, abre la reflexión y suscita la curiosidad o interés por saber.
- 3º paso: se ofrecen criterios, conceptos y orientaciones. Es el momento en que el entrenador da su criterio, traslada un concepto o da orientaciones. Lo hace tras abrir la curiosidad en el jugador y haberle llevado a deducciones similares a las que él le traslada.
- 4º paso: esperar el cambio de comportamiento. No se puede afirmar que hay aprendizaje si no se da un cambio de comportamiento. La labor realizada en los tres primeros pasos tiene como finalidad producir un cambio en el comportamiento individual o colectivo.

Este modelo potencia el aprendizaje, pero también ayuda a que el jugador aprenda a pensar, a cómo llegar a las soluciones, enseña procesos metacognitivos. El entrenador se convierte en un modelo que ayuda a reflexionar, buscar soluciones, trasladar lo aprendido a la convivencia, los entrenamientos y los partidos. Este modelo apenas genera desgaste en las relaciones personales entrenador-jugador.

Ahora bien, ganar destreza o resolver especialmente bien las tareas en el entrenamiento no garantiza la transferencia de lo aprendido a las situaciones de partido, ya que no siempre llegan a utilizarse en el partido. "¿Cómo es que no hacen en el partido lo

que trabajamos en las prácticas?". La explicación puede estar en otra pregunta: ¿se ha tenido en cuenta la transferencia del aprendizaje a la hora de diseñar la tarea de entrenamiento? Las tareas de entrenamiento tendrían que idearse de forma que los aprendizajes que produzcan se apliquen en situaciones de partido, se trasladen a la competencia. La transferencia consiste en la aplicación o utilización del nuevo aprendizaje en situaciones o contextos distintos a aquel en el que se aprendió. En este contexto, la transferencia del aprendizaje es mayor según la metodología de entrenamiento-enseñanza. En métodos directivos en los que el jugador se limita a ejecutar o resolver sin apenas reflexión, la transferencia es menor que en metodologías que favorecen la reflexión, la participación de forma activa y la toma de decisiones.

Sin emoción, no hay aprendizaje. En el procesamiento de la información se activa primero el sistema límbico (cerebro emocional), y siempre después participa la corteza cerebral (cerebro racional). No se puede entrenar, enseñar o educar sin despertar curiosidad, sin ilusionar o entusiasmar al jugador. Si un entrenador no conmueve, porque carece de esas aptitudes, o es demasiado previsible respecto a las tareas de entrenamiento, su trabajo pierde valor. Muchos educadores son eruditos, expertos en sus materias de conocimiento, pero son planos a nivel emocional, no transmiten, no contagian. No es tanto lo que se sabe, sino cómo se transmite.

Enseñar y aprender, entrenar y mejorar, es un proceso que compromete a entrenador y jugador en una experiencia que ha de formar a ambos, cada uno en su rol: ser mejor entrenador y ser mejor jugador. Las tareas de entrenamiento deben mover curiosidad, interés, entusiasmo, reflexión, participación activa, tomas de decisión, puestas en acción, experiencia vivida, aprendizaje guiado, aprender del error, y resolver situaciones muy próximas a lo que pasa en los partidos. La metodología de entrenamiento que supone la repetición de las tareas como mecanismo principal de aprendizaje se encuentra caduca, pues no tiene en consideración el factor emocional. El entrenador tiene que encontrar la forma de involucrar y comprometer al jugador en un trabajo que le ayude a ser mejor, debe de acompañarlo en el proceso de aprendizaje. La pauta se traslada, entonces, una vez planteadas las tareas, a una zona intermedia entre el entrenador y el jugador, y podría encontrarse en la retroalimentación que se regalan ambos.

PARTE II
EL FACTOR SOCIAL

CAPÍTULO 6

PROCESO DE SELECCIÓN EN EL FÚTBOL. DT COMO GERENTE DE RRHH.

"Nunca contrates a alguien que sabe menos que tú sobre lo que se le contrata".

Malcolm Forbes.

Después de haber considerado diversas situaciones de índole psicológica que entran en juego a la hora de entender acerca de diversos estilos de conducción, se torna necesario introducir las reflexiones asociadas al Factor Social en el juego, que se desprenden de la práctica cotidiana y añosa de un profesional de la psicología deportiva dentro del seno de equipos profesionales de fútbol.

Situándonos en la génesis de la construcción de los equipos, todos necesitan de un entrenador. Ahora bien, el proceso de selección de esa figura tan importante y trascendental, dentro del ambiente del fútbol profesional, no está exento de cuestiones particulares dignas de consideración.

Antes, si el equipo funciona como una empresa, el entrenador, como responsable último de ese equipo, podría considerarse el ge-

rente del mismo, y los deportistas como los trabajadores de esa organización. Por consiguiente, la función del entrenador es la de un líder que dirige los destinos de su equipo hacia los objetivos marcados por la organización. Este paralelismo equipo-empresa surge desde la necesidad de contextualizar al equipo dentro de un ámbito de mayor entendimiento general. No todos pueden pertenecer en algún momento de sus trayectorias laborales a un equipo de fútbol profesional, dentro de sus diversas posiciones, pero la gran mayoría de las personas forma, ha formado o formará parte de una estructura empresarial en alguno de sus niveles, por lo que podrá comprender de forma más asequible de qué se trata. Especialmente porque existen paralelismos identificables entre las dos estructuras, en lo que atañe a los grupos de trabajo, a saber:

- El grupo posee determinadas características y regularidades para con la labor que realizan, definiendo y compartiendo sus propios conceptos sobre comunicación, percepción y estilos de competencia.
- El grupo establece sus propias reglas para definir tareas, metas y objetivos.
- Las tareas se ejecutan en interacción directa y simultánea de todos los componentes del grupo.
- Se construyen relaciones interpersonales basadas en la ayuda mutua y la colaboración, lo que en procesos más avanzados de la cooperación podría derivar en un sentido de pertenencia.
- Hay respeto, confianza y exigencias recíprocas entre sus integrantes.
- Compiten. Cada uno a su forma, compiten. Contra un rival, o una exigencia, compiten. Hay una necesidad colectiva orientada a los resultados.

Aun así, lo más importante es que, tanto en el deporte como en la empresa, los directivos y los entrenadores dirigen personas. Y el éxito que vaya a tener ese líder va a estar directamente relacionado con su capacidad para dirigir a ese grupo de personas que tiene a su cargo en ese momento.

El entrenador, entonces, tiene una función similar al gerente de Recursos Humanos de una empresa. Es el encargado de diseñar e implementar las políticas de relacionamiento de sus subordinados. Es quien va a determinar y administrar cómo se entraman las relaciones y cómo se distribuye de la forma más equitativa posible (aún a sabiendas de que es una utopía) la ley de correspondencia. Es quien va a presentarle los valores al grupo, y es el encargado de que esos valores penetren en el seno de sus dirigidos, se contagien y se propaguen. Es quien va a tener que predicar con el ejemplo, y sobre él que va a caer la primera demanda de sanción, de corrección de aquellas conductas que dañen ese entramado de normas compartidas. Es quien va a tener que empoderar a personas por debajo de su rango jerárquico para que las líneas de trabajo y convivencia tengan continuidad y homogeneidad para no sobrecargarse ni hacer dependiente de él al grupo.

Ahora bien, hay concordancia entre el mundo empresarial y el deportivo de forma mayoritaria con estos lineamientos, pero en lo que difieren mucho ambos entornos es en los procesos de selección que llevan adelante para cubrir esa vacante fundamental de gerente-entrenador.

El mundo empresarial se:

- Construye un perfil del candidato ideal en base a los objetivos de la empresa y el equipo que va a dirigir.
- Hace pública la búsqueda en entornos especializados para tales fines, con el objetivo de reclutar la mayor cantidad de interesados.
- Lleva adelante un proceso de selección que incluye, de mínima, una entrevista semiestructurada por competencias con cada candidato inicialmente idóneo, en donde no pueden dejarse de lado cuestiones como:

- La procedencia del nuevo gerente, de qué tipo de empresa viene y su nivel de experiencia.
- La indagación de logros y diseño de estrategias.
- La congruencia del candidato.
- Las pretensiones salariales acordes con su nivel de *expertise* y el presupuesto destinado.

Luego, una vez incorporado el candidato, se integra a una estructura ya existente previa a su llegada, por lo cual precisa de un plan de acompañamiento, en donde las decisiones estratégicas se tomen en consenso, ya que no necesariamente lo que resultó en su situación laboral anterior es lo que resultará en la actual, siendo ese uno los errores más frecuentes, tanto como el de no preguntarse el motivo de desvinculación de sus predecesores.

En el fútbol no sucede de forma similar, aunque muchos equipos y responsables de secretarías técnicas estén incipientemente empezando a incorporar muchas partes de este proceso. En el fútbol se debe empezar a entender al entrenador como esa persona responsable y garante de cómo se van a desarrollar todas las relaciones intraequipo. El entrenador no tiene relación exclusivamente con el plantel de jugadores, sino que es responsable de organizar toda la estructura y cultura de trabajo de todo el personal que rodea al equipo, los jugadores, el resto del cuerpo técnico, el cuerpo médico, utilleros, dirigentes y auxiliares. Él es quien determina todo. Horarios, locaciones y duraciones de los entrenamientos, estrategias comunicacionales con los distintos profesionales que componen la escena y colaboran con sus saberes científicos, lugares de inserción y amalgamiento laboral de los diversos componentes, y la construcción del sentido de pertenencia de todos los integrantes del equipo.

Walter Erviti, ex jugador profesional campeón en México y Argentina, y actualmente entrenador de último paso por Atlanta, protagonizó el episodio N°. 81 del *podcast* de *Olé* en Spotify, "La Primera Jugada". En el mismo, Erviti relata cómo fue vivir su primera experiencia como entrenador después de su retiro como futbolista, cómo es pasar del otro lado del mostrador, dejando estas interesantes reflexiones:

- "Lo primero que me queda como como entrenador es la responsabilidad de construir vínculo".
- "Uno, cuando habla de un entrenador, habla de metodología, habla de idea, habla de manera de jugar, de estilo, y la verdad que lo primero que tiene que tener en cuenta un entrenador es cómo va a construir vínculos, cómo va a fomentar la cooperación y la colaboración. Y, después, cómo va a estimular que todas esas personas tengan un mismo objetivo grupal, y acá empieza el trabajo, acá empezó mi gran enseñanza. ¿Y por dónde empieza uno? Tiene que empezar a gestionar personas, y no está preparado. Ahí tiene que empezar a buscar herramientas dentro de uno (empatía, sinceridad), porque una gran enseñanza que me quedó de este periodo fue que los futbolistas primero te aprenden a querer, y después te escuchan. Si el futbolista no te quiere, si el futbolista no tiene empatía con vos, si el futbolista no te cree, no te va a escuchar por más capacidad que vos tengas para explicarle lo que querés llevar adelante".
- "Esto es una gran enseñanza que me quedo y para la cual sigo preparándome. y por la cual también me rodeé de psicólogos y de un montón de personas, las cuales no la tenía dentro de mis prioridades, pero cuando empecé a ver cómo funciona un círculo humano, empecé a entender que no todo depende solamente de un pase y una recepción".
- "En cuanto hablo de un funcionamiento de juego, hablo de gestionar personas. Voy directamente al futbolista, porque son los verdaderos protagonistas de este juego, pero la gran responsabilidad que tiene el entrenador es gestionar personas, partiendo desde el presidente de un club, y terminando o pasando por cada uno de los empleados que funcionan en el día a día. Y dentro de esta gestión de personas abarcamos una gran cantidad, si 30 solamente son jugadores, después habla-

mos de un *staff* permanente de empleados: 20 personas más. Empezamos con los directivos, pasamos por los empleados, vamos al cuerpo técnico, y terminamos en los protagonistas, que son los jugadores, calculo que el entrenador debe tener en su radar 60 o 70 personas, con las cuales tiene que convivir diariamente, y gestionar para que cada una de estas tengan un pensamiento en común y un objetivo en común, que hablen el mismo idioma. Si todos queremos jugar de una manera, todos tenemos que ser conscientes de cuáles son los pros y los contras de esta manera de jugar. Yo no puedo estar media hora hablando con un jugador de que vamos a atacar de cierta manera, para que después el utillero le diga no, que lo que están haciendo es una locura, y que después el directivo le diga que está en contra, eso atenta profundamente contra el desarrollo de una idea de juego".

- "Yo me preparé para ser entrenador desde la mirada de un futbolista. Cómo iba a liderar cierto grupo de futbolistas, yo lo pensaba como un futbolista, y lo pensaba como un futbolista porque era la única experiencia que tenía a la hora de liderar. ¿Qué me pasó? Liderar el grupo desde adentro, desde un vestuario donde los jugadores te conocen, te confían y te tienen cierto aprecio es totalmente diferente a liderar un grupo desde el rol de un entrenador, que es el que toma todas las decisiones. Eso sí me sorprendió, yo no me había preparado desde ese lugar, mis pensamientos a la hora de prepararme se enfocaban desde la visión que tenía en la experiencia dentro de este deporte".
- "En lo que respecta a la gente que rodea al entrenador, también hay una gran diferencia en cuanto a la visión que tenía como futbolista a la que tengo como entrenador. No le daba mucha vuelta a todo lo que rodeaba. Tenía la capacidad de prestar atención; si tenía dudas, no tenía miedo a preguntar y después llevar adelante mi trabajo, me relacioné bastante bien con los cuerpos técnicos, siempre hablando de la parte deportiva; entonces nunca fui de prestarle tanta atención a la gente que rodeaba al entrenador. Hace un tiempo, cuando me estaba preparando para ser entrenador, participé en una

charla de un entrenador muy conocido, que decía que para él la gente que lo rodeaba, la gente de su cuerpo técnico, la primera cualidad o condición que tenía que tener era ser gente de confianza. Y a mí me llamó mucho la atención, porque yo, en mi período de preparación de estudiante, creía que primero tenía que estar la capacidad: yo me tengo que rodear de gente capaz. ¿Cómo va a decir de confianza? Pero el entrenador tuvo la sinceridad de decir la verdad, que las dos o tres personas de más confianza que tenía dentro del cuerpo técnico eran sus amigos. Y a mí me llamó mucho más la atención, ya a un punto de criticarlo internamente. Pensaba que esa persona estaba equivocada, ¿cómo va a tener un amigo de confianza dentro de su círculo más íntimo para dirigir clubes tan importantes como los que dirige? Pero, cuando empecé a caminar esta profesión y empecé al día a día, claro, lo empecé a entender. El entrenador llega un momento donde entra a un vestuario y lo único que siente es observación sobre él, si no puede entrar a ese cuarto y sentirse rodeado de personas que lo quieren, por las cuales tiene confianza, llega un momento donde empieza a sentirse solo y vacío".

Volviendo a los procesos de selección, ha sido harta conocida la frase de un dirigente de peso de un equipo muy fuerte del interior del país, quien, frente a la consulta de un periodista acerca de quién sería el nuevo entrenador del equipo, respondió: "Lo llamé a (un representante muy conocido) y me dijo que no tiene ningún técnico en este momento...".

Al diablo la construcción del perfil, la entrevista por competencias, y la indagación de logros, pero, por sobre todas las cosas, el diseño de estrategias. Ese dirigente delega a un externo y por temporalidad la selección del componente más importante del equipo. Pero no lo culpo. Es una cuestión cultural. Los dirigentes no tienen formación para ese tipo de selección, y los candidatos no están habituados a ese proceso ni se preparan para tal, siendo que es fundamental. El universo de entrenadores de fútbol desempleados en su amplia mayoría está compuesto por personas de formación académica y psicosocial deficiente, los propios exjugadores del de-

porte, de cuyas características hablamos en apartados anteriores. Hay futbolistas con una formación social mayor, como es el caso de Erviti, con una mirada contextual más global, pero son la excepción. ¿Alcanza con haber jugado al fútbol a nivel profesional solamente? Absolutamente no. Te da un diferencial, pero no te alcanza.

Entonces, uno de los principales argumentos que se escuchan de la boca de los dirigentes es que el criterio de selección del entrenador se basa en un gusto por cómo jugaba algún otro equipo que ese candidato supo dirigir. El argumento es tan ampliamente conocido como estrecho de miras. No debería ser tanto cómo jugaba ese equipo, sino cómo estaba compuesto ese grupo de jugadores a los cuales el entrenador supo exitosamente liderar. Cuando Pep Guardiola fue contratado por el Manchester City para la temporada 2016-2017, se lo buscó por este argumento. Pero Guardiola se encontró con que el plantel que tenía a disposición no era apto para llevar adelante el modelo de juego que él pregona. Empezando por el aquero, el inglés Joe Hart, mundialista en 2010 y 2014, y ganador de 2 Premier Leagues, 2 Copas de la Liga y 1 FA Cup, indiscutido hasta el momento, no mostraba las aptitudes necesarias en el juego de pies para adaptarse al nuevo modelo de juego del entrenador catalán, y tuvo que ser cedido. En su primer temporada en el City, con un plantel heredado y no idóneo para su idea de juego, el Manchester City fue eliminado en octavos de final de la Liga de Campeones por Mónaco (6-6, regla del gol de visitante), siendo la primera vez que un equipo de Guardiola cae en la máxima competición continental antes de semifinales. Y terminó tercero en la Premier League, siendo la primera temporada sin títulos de Pep Guardiola como entrenador. La siguiente temporada, habiendo decidido no renovar los contratos de 5 jugadores titulares, firmando otros 6 jugadores nuevos, quienes se sumaban a las 5 incorporaciones de la temporada pasada (un total de 11 en las primeras 2 temporadas), se proclama campeón de la Premier League 2017-2018, terminando con 32 victorias, 4 empates y solo 2 derrotas, batiendo numerosos récords en la historia de la competición, como puntos, victorias, goles a favor y diferencia de goles.

¿Queda entendido el punto? Hasta Guardiola, uno de los mejores entrenadores de la historia del fútbol, tiene su modelo de juego, condicionado por las personas a las que dirige, y la capacidad de penetración de ese modelo depende intrínsecamente del estilo de conducción social que él ejerce sobre sus dirigidos.

¿Qué sentido tiene contratar a un entrenador por cómo juegan sus equipos, si no se considera el material con el que dispuso e irá a disponer? ¿Cuánta importancia real tiene el cómo jugaban los equipos de ese entrenador, si ese líder no es una persona coherente con lo que dice y hace? ¿Cómo va a poder dirigir exitosamente un entrenador a un grupo de personas si carece de habilidades interpersonales básicas?

Ustedes, como responsables de un negocio, ¿pondrían como gestor del personal a una persona carente de formación?

A vos, exfutbolista, ¿pensás que te alcanza solamente con haber jugado? ¿Quién fue el mejor y el peor técnico que tuviste? ¿A cuál recordás más? ¿Por qué?

Este tema fue abordado también muy clara y enfáticamente por los periodistas Marcelo Gantman y Agustin Gimenez en su *podcast* de *Big Data Sports*. Dentro del programa dedicaron un episodio especial a esta temática bajo el título "Echar y contratar entrenadores: la decisión número uno del fútbol que se toma sin evidencias", capítulo construido sobre una investigación realizada por Matheus Galdino, máster científico en gestión deportiva, y profesor en la Universidad de Bielefeld de Alemania. El trabajo fue realizado en colaboración con Lara Lesch y Pamela Wicker, publicado en la revista científica Sustainability, y levantado por el portal deportivo del diario *O Globo*, uno de los periódicos tradicionales de Río de Janeiro. El trabajo no solo cobra valor por lo que exponen sus números a nivel cuantitativo, sino que también en la esfera cualitativa se pueden acceder a testimonios de directores técnicos que reflejan lo que ellos genuinamente piensan de situaciones que ocasionalmente pueden favorecerlos, pero que experimentan como conflictivas. El objeto del estudio fue analizar las condiciones y razones para las contrataciones y despidos de los entrenadores en la Pri-

mera División de fútbol brasileño. Se recolectaron datos de 294 entrenadores que hubieren trabajado en el Brasileirao entre los años 2003 y 2020, torneó que osciló entre los 20 y los 22 clubes en ese período, y que en total registró 669 cambios de entrenadores en esas 18 temporadas. La pregunta que dio marco a la investigación fue: "¿Cómo manejan los clubes de fútbol en Brasil los procesos de contratación y despido de entrenadores?", el estudio se hizo con datos surgidos de entrevistas con 26 entrenadores de élite, que fueron empleados por 43 clubes. Las charlas fueron virtuales entre el 21 de enero y el 16 de abril de 2021. Todos tuvieron el mismo cuestionario, y hablaron bajo la premisa de no dar a conocer su identidad. Las edades de los técnicos estaban entre los 39 y los 72 años.

El primer enfoque apuntó a definir sistemas de reclutamiento de entrenadores. El informe es contundente en señalar que en el fútbol prevalecen los mecanismos informales: lazos de confianza, recomendaciones de conocidos. "Se limitan las contrataciones a redes cerradas y sesgos subjetivos". Así lo dicen algunos entrenadores de forma explícita y textual: "La mayoría de las veces un reemplazo ocurre enseguida, porque los dirigentes del equipo están 'con la soga al cuello', ya que alguien acaba de ser despedido, y necesitan urgentemente un nuevo entrenador". Otro: "La contratación se basa en el acceso de los representantes a los clubes. Se trata de conexiones, contactos, amistades con los dirigentes. Sucede sin ningún criterio". La urgencia por contratar a un nuevo entrenador define los métodos de ese reclutamiento. Más de 25 directores técnicos consultados, cada uno por su lado, no hacen otra cosa que ratificar lo que dicen los otros. El informe agrega que los métodos de selección son precarios, no salen del llamado telefónico y una reunión personal, muchas de las veces informal. Un testimonio en particular que se destaca en el informe apunta a que una llamada misma significa una virtual contratación. Mostrarse disponible ya es suficiente, sin que se profundice mucho más en los motivos de la oferta del cargo. "Siempre que me llama un dirigente del club me dice: 'Mira, te quiero contratar'. Pero él ni siquiera sabe por qué me está contratando. Luego puede haber otro tipo de llamada: 'Quiero hablar con vos, conocerte, escuchar tus ideas, tu visión futbolística, ver si podrías evaluar un partido, si podrías ver jugar a nuestro equipo'. He vivido los dos tipos, pero el más común es una llamada telefónica diciendo: 'te quiero traer acá', sin nada más que agregar".

Otra conclusión importante del informe de la investigación realizada por Galdino hace foco en las razones de contratación de los entrenadores. Los comentarios de los entrenadores consultados no tienen desperdicio ni filtro:

- "Las decisiones de contratación se siguen tomando de la nada, sin saber quién es el entrenador, sin sentarse a hablar. Es un rol que conlleva mucha responsabilidad, por lo que no deberían entregarle un equipo a un entrenador por teléfono, me siento incómodo cuando recibo este tipo de llamadas".
- "A los directivos del club solo les preocupa saber cuánto querés ganar, si te pueden pagar, cuánto duraría el contrato, si habrá cláusula de rescisión o no, y en caso de que aceptes la oferta te contratan. Es solo eso".
- "Solo me entrevistaron una vez desde que me convertí en entrenador de fútbol en 2004".
- "Solo me reuní con los dirigentes del club dos veces. No solo de los clubes donde trabajé, sino incluyendo todas las propuestas en mi carrera. Todos los demás me llamaron para conocerme, pero ninguno me preguntó cómo trabajaba".
- "Te contratan por oportunismo, por un momento, porque estás haciendo una buena campaña en un club más chico. Te contratan por casualidad, no por planificación".

El modo de aproximación es entre precario y circunstancial, la investigación deja en evidencia que el interés acuciante del dirigente promedio, más que las ideas futbolísticas del entrenador y sus habilidades comunicacionales (entre las características más importantes), es el de saber si pueden ocuparse de inmediato de la parte contractual o salarial del candidato. Que asuman en cuanto puedan, y el resto se verá. En el reporte se habla sobre cómo el uso de *sof-*

twares y datos son vitales para decidir el *scouting* y reclutamiento de futbolistas, pero no se usan ese tipo de herramientas para contratar entrenadores, y luego mucho menos para echarlos. Parece ser que el excluyente indicador de la contratación es el clima reinante en el club. Una llegada que corrija lo que supuestamente el entrenador anterior no pudo manejar. Es el típico caso en el que los clubes, que no tienen un plan claro y concreto, esperan que el técnico que aterriza les dé una solución llave en mano. En la investigación se describe que las presiones externas, las emociones abruptas de quienes toman las decisiones, y el mal ambiente que se respira son los únicos elementos que se toman en cuenta para despedir a un técnico. No se analiza ningún dato extra más allá del resultado. "Un entrenador, a los dos meses de llegar a un club, ya sabe qué jugadores le responden y cuáles no. Ya probó y se equivocó. Lo que no evalúan los directivos es que, si lo despiden, el nuevo técnico también precisará de ese tiempo y habrán perdido más tiempo y más dinero por una apresurada toma de decisiones", comenta un director deportivo que conoce la gestión del fútbol en varios países. Refiere un entrenador consultado en la investigación: "En cuanto a los resultados, es fácil: son solo números, un análisis más frío. Pero, ¿es realmente solo el trabajo de un entrenador lo que está afectando los resultados, o hay otros componentes con una influencia mayor? La mayoría de las decisiones se basan en el estado emocional, en lugar de la racionalidad o cualquier tipo de análisis. Veo esta falta de capacidad para leer lo que sucede dentro de los clubes, el conocimiento práctico del entrenamiento, lo que realmente está haciendo un entrenador". Entrenadores recién llegados son empoderados para tomar decisiones profundas, pero a las pocas semanas ven cómo el respaldo que tenían se esfuma, y se quedan una mañana del otro lado del portón de entrada al club. En el camino, ese entrenador tomó decisiones *a piacere* que heredará quien lo sustituya.

El fútbol es víctima de sus propios códigos y cultura. El diferencial, hoy en día, ante la paridad táctica y física, está ahí, en la gestión de las personas y los procesos. El fútbol moderno nos está proveyendo de sobrados casos testigo.

CAPÍTULO 7

CARIÑO PARA GANAR

"No me quieras porque gané, necesito que me quieras para ganar".

Marcelo Bielsa.

El viernes 28 de mayo de 2010, José Mourinho se convirtió en el nuevo entrenador del Real Madrid. Florentino Pérez había alcanzado un acuerdo con Massimo Moratti, presidente del Inter de Milán, comprometiéndose a pagar ocho millones de euros por la cláusula de rescisión del técnico portugués, que aún tenía contrato con el club italiano. Fue una contratación que Mourinho y el dirigente madridista habían acordado 10 fechas antes, el 18 de mayo de aquel año, con el conocimiento de Moratti, y fue un cambio que Mou y Florentino habían acordado verbalmente cuatro días antes de ganar el Inter la Champions en el Bernabéu, con los dos goles de Diego Milito al Bayern Munich en el estadio, donde el luso sería protagonista desde ese momento y hasta junio de 2013. En los pasillos de ese estadio, dos horas después de haber ganado la Champions League, Mourinho y Materazzi, el capitán de ese equipo interista célebremente recordado por haber sido el destinatario del cabezazo de Zidane en la final del mundial de Alemania 2006,

hablaron claro. Los dos jefes del Inter, dentro y fuera de la cancha, se reunieron en el lugar donde estaciona habitualmente el micro que traslada a los equipos, y ahí, a solas, Marco Materazzi le dijo a José Mourinho que él había sacado de un equipo veterano energías que ya no sabía que tenían. Allí, en el *parking* del Bernabéu, Materazzi lamentaba con lágrimas que el entrenador portugués se fuera. El jugador sabía que aquella Champions cerraba a un año irrepetible, una época de una plantilla de veteranos que necesitaría una remodelación completa. Mourinho les había sacado el último jugo y los había dirigido para conquistar la Copa de Europa después de 45 años de sequía, el Inter nunca ha vuelto a alcanzar ese nivel desde entonces. Materazzi le confesó a Mourinho que había tenido a grandes entrenadores en su carrera, pero que él era el mejor, y se quebró frente a su preparador preferido, el hombre que había logrado derrotar al gran Barcelona de Messi y Guardiola. Se fundieron en un abrazo que duró varios minutos, el encuentro es emotivo, ambos lloran. Todavía puede verse en YouTube.

Rafa Benítez sucedió a Mourinho en el Inter, y aterrizó hablando de ganar el sextete cuando la temporada anterior habían conseguido el triplete con el portugués. En una temporada que arrancó torcida, y para dolor de cabeza de Rafa, Mou continuaba teniendo el apoyo de los pesos pesados del vestuario italiano. Materazzi tenía dos fotografías del portugués en su espacio en el vestuario, y Benítez pidió al italiano que retirara inmediatamente esas imágenes. "Rafa me hizo quitar de mi taquilla las portadas de la Gazzetta de nuestros éxitos de la temporada anterior", confesó el jugador. Benítez duró seis meses en el Inter.

El 27 de noviembre de 2014 es una fecha difícil de olvidar para muchos, esa noche, se enfrentaban River y Boca en el Monumental por la semifinal de vuelta de la Copa Sudamericana. El partido de ida se había jugado una semana antes en La Bombonera, y había terminado con un empate en cero que dejaba las chances abiertas para los dos equipos, tras un cotejo trabado y áspero. Más de 65 000 personas llenaron ese día el estadio de River con sed de revancha de las eliminaciones que habían sufrido a manos de Boca en las Copas Libertadores del 2000 y 2004. A los 15 segundos de juego, en el primer ataque del equipo visitante, una imprudencia de Ariel Rojas sobre Marcelo Meli decanta en penal para Boca. Corría la ventaja por goles convertidos en condición de visitante. Tras varios minutos de protestas y preparaciones, Barovero le atajaría un recordado penal a Gigliotti. Después de 15 minutos, en un partido parejo y emocionalmente intenso, un centro bajo de Vangioni caería servido a la zurda de Pisculichi, quien, con un remate bajo y cruzado, marcaría el único gol del partido. Inmediatamente después de esa concreción, el autor del gol, Sánchez y Mercado irían corriendo a abrazar a Gallardo, el DT. Contó Pisculichi, años después: "Tenía pensado ese abrazo con él (Gallardo), porque fue una semana en la que sufrió mucho y nosotros lo sentimos. A pesar de todo lo que le tocó pasar, nunca se perdió un entrenamiento; fue un gesto muy grande de su parte. Nosotros intentamos devolverle un poco de tranquilidad y cariño por lo que él había sufrido. Hice el gol y no dudé en ir a abrazarlo. Creo que cualquiera de mis compañeros hubiera actuado de la misma manera.". Añade Gallardo: "Siempre hablo con Piscu. Nacimos el mismo día, generé un vínculo especial. Tenía una personalidad en la que me sentía representado. Hubo un compromiso de entrada, y el abrazo sentido contra Boca emociona. Lo quiero mucho y eso lo refleja...".

Es el 10 de Julio de 2021, en Río de Janeiro, Brasil. La Selección argentina de fútbol acaba de dar el golpe, venció 1-0 a la anfitriona Selección de Brasil en el estadio Maracaná por la final de la edición de la Copa América de ese año. No solo eso, se acaba de cortar una infame racha de 28 años sin títulos en la Selección mayor, racha que había visto pasar al menos 6 oportunidades en finales de Copas Américas, Copas Confederación y Mundiales. El partido terminó hace unos 20 minutos, la cara de Messi lo dice todo, está entre feliz, aliviado e incrédulo, no sabe qué hacer. Sonríe, baila, canta, salta, camina la cancha, y lo detecta: ahora sí sabe qué hacer. Parado solo y aislado se encuentra el entrenador de esa selección, un inexperto y muy criticado Lionel Scaloni. Messi lo ve y enfila hacia él. Frente a las cámaras que le transmiten esa imagen al mundo, lo encara, abraza y alza en un gesto determinante. Sonríen, se desahogan y conversan algo que solo ellos conocen. Es un abrazo con altísima simbología. ¿Piensan que no podría haberlo hecho inter-

namente, en el vestuario? ¿Por qué ahí? ¿Por qué así? Porque el plus competitivo es el cariño, es la emoción compartida, es el correcto manejo del Factor Social interno. Porque también ese grupo ganador de la Selección argentina ha dado sobradas muestras de unidad grupal, de cariño interno, se quieren entre ellos. Y eso es también responsabilidad del entrenador, pues de él dependen las decisiones que regulan los comportamientos, los actos que emanan sensaciones de justicia, y la regulación de ley de correspondencia interna.

Cuenta Messi: "(El abrazo) refleja un poco de lo que éramos como grupo. Él era uno más de nosotros, tiene gran mérito lo que hizo. Formó la Selección, creyó, agarró en un momento complicado al equipo. Fue confiando en los jugadores, gente nueva, jóvenes, siempre supo lo que quería. Crecimos de a poco. Se dio un salto, empezamos a crecer como Selección, todo trabajo de él y el cuerpo técnico, darles la confianza a los chicos para hacer lo que hicieron". El DT campeón de América, expresó: "La intención era quedarme al costado del banco con el cuerpo técnico, pero después la emoción te invade. Me lo encuentro de frente y que querés. Impacta tanto lo que él genera a los propios compañeros y a todos los que rodeó esa burbuja de tantos días. Creo que la felicidad era doble porque verlo feliz a él era ver feliz a todo un país detrás".

Estamos hablando del Factor Social en el fútbol, de las características que tiene que tener un líder efectivo, de su inteligencia emocional. Vamos a ir un paso más allá. Ya no basta con que el líder sea una persona erudita en el área de conocimiento, no alcanza con que sea un buen transmisor de esas ideas, el entrenador que consigue real éxito, es aquel que consigue que sus dirigidos lo estimen, lo quieran. Es a través del cariño que el jugador se involucra, primero con el entrenador, y después con lo que este propone. Si el entrenador no puede lograr que el jugador lo aprecie, es difícil que le pueda sacar el máximo rendimiento.

¿Cómo puede un entrenador construir cariño? Como en cualquier relación humana, indistintamente de la jerarquía que la enmarca y el ámbito que la aloja. Con empatía, interés, apertura, diálogo y actitudes. ¿Es un trabajo esforzado? Definitivamente sí, pero ¿quién dijo que el camino correcto es el más fácil?

El éxito más grande de un entrenador es ver reflejado lo que pregona adentro del campo de juego, el objetivo primordial de la gestión directiva del entrenador debería siempre de ser que el jugador hable bien del proceso, independientemente de si se ganó o no, ganar gana solo uno, y es la excepción. Dice Julio Velasco: "Hay que intentar ganar todo lo que se pueda. Pero no crean en esos que les dicen que el mundo se divide entre ganadores y perdedores. El mundo, para mí, se divide entre buenas y malas personas, ésta es la división más importante. Luego entre las malas personas habrá, lamentablemente, ganadores, y entre las buenas personas, claro, habrá quien pierda también".

Como se viene remarcando, es indispensable entender que primero siempre está la persona, como totalidad. Una vez entendido eso será más fácil sacar el mayor rendimiento deportivo. Existe en este punto un salto cualitativo radical en la relación entrenador-jugador, cuando el primero comprende al ser humano que hay detrás del deportista profesional que ambiciona con ganar partidos.

Es el cariño la diferencia. En un ambiente retrógrado, machista, temeroso, rígido y duro la llave maestra es el afecto.

No van a encontrar un equipo ganador en el que el entrenador no sea una figura querida. Algunos dicen que el éxito construye el cariño, pues para mí es al revés.

"No me quieras porque gané, necesito que me quieras para ganar", expresó Bielsa durante una conferencia que dio en el foro empresarial Percade en 2009, celebrado en Santiago de Chile. "Quien es querido, se siente más seguro y está con una sensación de fortaleza superior para la tarea".

CAPÍTULO 8

"QUIERO QUE LOS JUGADORES JUEGUEN POR ELLOS"

"Dejé de jugar porque perdí a mi fan número uno".

Carlos Tévez.

Una vez un entrenador me dijo: "No quiero que los jugadores jueguen por mí, quiero que los jugadores jueguen por ellos", y yo le respondí que, desde mi humilde punto de vista, ese era un error.

Los jugadores de fútbol profesional, desde una edad muy prematura, están jugando al fútbol en tono competitivo. Basta con preguntárselo a cualquiera, desde qué edad están formándose y con qué objetivo. Todos los jugadores que llegan a niveles de alto rendimiento juegan por ellos. Pero vienen jugando por ellos desde siempre, es una de las primeras condiciones que tienen que tener para poder sostener todas las elecciones que hacen desde chicos, que incluye la renuncia a la vida "normal" de los chicos de sus edades, sus amigos y su entorno. No existe ningún jugador de fútbol profesional que no juegue por él, desde siempre.

Pero con eso no alcanza. Alguna vez, trabajando con un boxeador, fui introducido a una teoría interesante, me dijo él:

- "Antes de pelear, la paso mal. Para llegar en óptimas condiciones al momento del pesaje, tengo que tener 50 días de un esfuerzo gigante con el tema del entrenamiento y la dieta, es muy exigente, me sacrifico mucho. Pero sé que mi rival también".
- "Soy boxeador porque desde chico he desarrollado ciertos atributos para la pelea que sé que son producto del entorno en el que he crecido, de marginalidad, carencias, violencia y luchas. Tuve que pelear para sobrevivir primero, y abrirme camino después, no crecí en un entorno seguro y tranquilo. Y sé que mi rival tampoco. En eso estamos empatados también. No me sirve hacer foco en eso, porque eso no me distingue de mi rival".

En el fútbol, salvando las distancias, sucede lo mismo. Cuando uno conversa con un futbolista profesional, se da cuenta rápidamente que está frente a una persona que ha sacrificado muchas cosas de su vida para llegar a ese nivel, él y su entorno. Cuando compite, el rival que tiene enfrente ha pasado por un proceso similar al propio, todos merecen, todos luchan, y todos han pasado por un proceso de selección deportivo tan finito y estrecho que las características se igualan.

Lo que diferencia entonces a uno de los otros es ese por quién. Ese por qué y para qué, la motivación asociada a algún otro. ¿Y saben por qué? Porque todos los vínculos son distintos, ahí sí que surge la individualidad, lo esencial.

Todos juegan por alguien.

¿Por qué no, como entrenador, intentar lograr ocupar uno de esos espacios? El entrenador tiene que buscar que el jugador juegue también por él.

Emiliano Martínez, El Dibu para el ideario popular, tiene una historia particular. A los 13 años tuvo que dejar su Mar del Plata natal para ir a atajar a las inferiores de Independiente tras pruebas frustradas en Boca y River unos años antes. Tres años después, en 2009, el Arsenal mostró interés en él tras su participación con la Selección Argentina sub-17 en el Sudamericano sub-17 de 2009. Fue comprado a Independiente en abril de 2009 (a los 16 años) por una suma cercana a los 500 000 euros por el 65% de su pase. Sobre esto dijo: "Arsenal decidió comprarme, y llegar tan joven a un club tan grande requiere una jerarquía muy grande". Después: "Me fui a préstamo por todos lados, fui a Getafe a los 23 o 24 años, y terminé jugando 8 partidos. Nunca me pusieron y toqué fondo". Entonces pasó algo que lo cambiaría todo, como sucede en muchos casos con los futbolistas profesionales. Cuenta Dibu en la serie *Sean Eternos* de Netflix: "Desde que nació mi hijo, hace cuatro años, exploté. Tengo un psicólogo personal que necesité, porque estaba en un punto de mi carrera en el que no sabía para dónde ir. Fue una de las decisiones más correctas que hice en mi carrera". Y cierra: "Nunca atajo por mí, siempre atajo por alguien. Tengo que buscar una excusa para las temporadas y no lesionarme". En la serie también se puede apreciar la arenga de Messi antes de la final de la Copa América 2021 contra Brasil en el Maracaná, en la que Dibu fue papá durante la Copa. "Mi hija nace dos días antes de Ecuador. Me llamaron a cenar, pero no fui, les dije que vayan ellos que mi mujer estaba por dar a luz. Pero a los dos días jugué un partido y era como que no me vas a meter un gol ni en pedo...", aseguró. Fue antes de los cuartos de final ante Ecuador, Argentina ganó 3-0.

El concepto de motivación es uno de los constructos más abiertamente tratados por todos los actores de la escena deportiva. Se los escucha a los jugadores, a los entrenadores, a los periodistas y a los espectadores hablar de él con conocimiento de causa, soltura y liviandad. Más aún, la motivación es un tema central en cualquier esfera de la actividad humana, generalmente el rendimiento y los buenos resultados suelen asociarse al nivel de motivación que manifiestan las personas, aunque pocos podrían definir bien de qué se trata. El término motivación tiene sus raíces en el verbo latino "mover". En la psicología moderna, el término motivación se ha utilizado para designar la cantidad de energía y la dirección

del comportamiento humano. Este concepto incluye una dimensión intensiva, que se refiere al porqué las personas persistimos en determinados comportamientos, invirtiendo en ellos tiempo y energía, y una dimensión direccional, que indica la finalidad del comportamiento, es decir, por qué nos orientamos a uno u otro objetivo (Isabel Balaguer, 1994). Es el famoso porqué y para qué de las cosas. Todo esfuerzo sostenido en el tiempo tiene una dirección y una intensidad. El constructo es personal y subjetivo, pero siempre es "por" y "para" algo, y en esas dimensiones muchísimas veces se inmiscuye un "otro". En el deporte, una de las formas más efectivas de motivación es el compromiso sincero y entusiasta del entrenador con sus jugadores para la consecución de una meta común, y que después cada integrante del equipo se relacione con ese objetivo en su propia, subjetiva y particular manera. Entonces, para que la motivación sea efectiva, el jugador debe:

- Sentirse único y especial de cierto modo.
- Ser manejado a nivel personal.
- Comprender y aceptar claramente las metas del equipo.

Todos los que amamos al fútbol hemos visto este gesto más de 700 veces, cada vez que Messi hace un gol, señala y mira al cielo. El propio Messi explicó años atrás que el gesto era una dedicatoria a su abuela Celia Olivera Cuccittini, quien falleció cuando él tenía 11 años; dijo: "Hago eso porque dedico mis goles a mi abuela. Ella me llevó al fútbol, pero ahora no puede ver lo lejos que llegué. Sin embargo, continúa ayudándome a mí y a mi familia". Durante otra entrevista, sobre el papel de su abuela materna en su carrera, Messi dijo una vez: "Yo era chico, todos íbamos al club de barrio a donde siempre iba toda la familia; mi hermano y mis primos jugaban todos, cada uno en su respectiva categoría, ya que todos éramos de diferentes edades. Yo era uno de los más jóvenes, y por lo tanto todavía no había categorías para mí, pero en una de esas le faltaba un jugador al técnico de Grandioli, y entonces mi abuela le dijo que me deje jugar, a lo que el entrenador le respondió que yo era demasiado chico. A pesar de eso, mi abuela insistía: 'dejalo jugar, dejalo jugar'. Era muy querida por todos en el club, y siguió exigiendo que me pusieran hasta que lo hicieron. Me puso al final, e hice dos goles". Más del primer "otro" de Messi: "Pienso mucho en ella, me hubiera gustado tantísimo que me hubiera podido ver y disfrutar. Le dedico mis goles y mis triunfos, querría que estuviera acá, pero se murió antes de verme triunfar. Eso es lo que más rabia me da, que me vio tantas veces siendo un niño amagando una silla, esquivándola a ella, y nunca me vio triunfar".

El 4 de junio de 2021 no fue un día más en los pasillos de la Bombonera. Pasadas las 18 horas de ese día nublado y fresco, Carlos Tévez se sentaba en una improvisada sala de conferencia de prensa para comunicar que había decidido dejar de jugar al fútbol en Boca Juniors. Con lágrimas en los ojos y la voz entrecortada, leyó una carta en la que expresaba: "Estoy lleno y pleno con esta decisión, porque no tengo nada más para dar, porque como jugador lo dí todo. Boca siempre te exige al 120%, pero yo mentalmente no estoy preparado para eso. No tuve tiempo ni de llorar a mi padre, que a la semana ya estaba jugando, y eso no es normal". Carlos Tévez no solo había perdido a su padre, también había perdido a ese "otro" en el que apoyaba su motivación. Tiempo después, en una entrevista televisiva, añadía: "El último año mío jugando fue muy duro, porque él (su padre) tenía muerte cerebral. Me levanté un día y le dije a mi mujer: 'no juego más'. Lo llamé a la tarde a Adrián Ruocco (su representante), y le dije: 'Mirá, no voy a jugar más. Me retiro'. Lo llamé a Riquelme a la noche y le dije: 'Mañana necesito el club para hacer la conferencia. No juego más'. Después vino lo que vino, no jugué más y ahí la familia se dio cuenta que no jugaba más. Ahí cayeron". Y por si quedaban dudas: "Me preguntaban todo el tiempo por qué había dejado de jugar. Hasta que les dije: 'Dejé de jugar porque perdí a mi fan número uno'. Yo tenía ocho años y el que me venía a ver era él, entonces decía: '¿Para qué más?'. Me levanté y dije: 'No juego más para nadie'. Creo que fue única vez que pensé realmente en mí. Había perdido a mi fan número uno, y eso hizo que no tenga más ganas de jugar".

Todo reside al final en una serie de consideraciones básicas:

¿Por qué y para qué jugás al fútbol o dirigís?

¿Quién es ese otro que te apuntala?

¿Por quién y para quién?

CAPÍTULO 9

LA IMPORTANCIA DEL DIALOGO INTEGRAL Y LA CULTURA DEL CLUB

"Si querés saber bien qué es todo lo que pasa en tu lugar de trabajo, no te amigues con el jefe, acercate bien y entablá amistad con el portero y la gente de limpieza, ellos te van a tener siempre bien informado de todo...".

Un sabio viejo.

No tengo dudas de que el trabajo del entrenador es el más ingrato en el ambiente del fútbol. Siempre, pero siempre, son aves de paso. Hay excepciones, por supuesto. Los Ferguson, los Gallardo, pero no son más que eso, excepciones que confirman la regla.

En marzo del 2022, el Observatorio del Fútbol CIES, reveló la duración en promedio de los directores técnicos en los equipos de fútbol en diferentes ligas. Este observatorio se encargó de analizar las 90 mejores ligas del mundo, y en el informe elaborado que dio a conocer en estos días llegó a la conclusión de que las ligas de Irlanda del Norte y de Gales son las más estables para un entrenador. Ahí, un entrenador, en promedio, dura en sus funciones 1563 y 1348 días respectivamente. Es decir, alrededor de cuatro años. El otro

extremo es la liga de Arabia Saudita, donde el promedio baja a solo 156 días, apenas 5 meses. A su vez, entre las ligas más importantes del mundo, es la Premier League la que mayor tiempo da a los procesos de los entrenadores. En las ligas afiliadas a la Conmebol, el país donde más tiempo dan a los entrenadores es Ecuador, país que lidera el listado con 437 días en promedio. La liga ecuatoriana es seguida por la de Venezuela (398), la de Paraguay (379), la de Uruguay (362) y luego la Argentina (315). El listado, entre 90 ligas, incluye también, por ejemplo, a la Premiership de Georgia, donde el 72% de los entrenadores lleva más de dos años, y su promedio se eleva hasta los 1463 días en el cargo. De allí también se destaca la liga de los Estados Unidos (MLS), la cual es la sexta del mundo con mejor promedio, 872 días, junto con la liga de Islandia. El promedio más bajo en Sudamérica lo tiene Perú, con apenas 72 días de duración. Otro dato interesante tiene que ver con el porcentaje de entrenadores de cada liga, que se mantienen en su cargo pasados los dos años de haber asumido. En la Premier League, por ejemplo, el 45% de los técnicos ya superó las 2 temporadas al frente de los equipos. En Sudamérica va a la inversa. Para marzo del 2022, en la Liga Profesional argentina solo el 3.7% de los entrenadores había superado la barrera de los 2 años dirigiendo a un mismo club, un número bajísimo.

Ahora bien, ¿por qué se van los entrenadores? Marco Garcés, director deportivo de Pachuca, responde a la pregunta con una idea simple: "Los entrenadores entran y salen por tres conceptos: manejar al vestuario, a la prensa y a los directivos. Esas son las tres cualidades máximas dentro de un entrenador. De fútbol saben todos". Mauricio Pochettino, exentrenador del Tottenham, definió su tarea con sencillez durante el último Golden Coach Congress: "Tenemos tres tareas: gestionar grupos (jugadores, cuerpo técnico y *staff*), transmitir principios tácticos y del juego, y transmitir emociones. De todo eso sale la *performance*". Cuando algo de eso falla, las horas están contadas. En el mismo congreso, Ernesto Valverde, exentrenador del Barcelona, señaló que el entrenador "es el responsable de generar una atmósfera que te sirva para ganar, un entorno grupal que ayude a conseguir éxito". El problema es lo que ocurre cuando la atmósfera no se genera. Monchi, director deportivo del Sevilla, ausculta la atmósfera y detecta cuando el entorno no se direccionó hacia el éxito. Ahí, dice en *El Método Monchi*, su libro, debe tomar una decisión: "Si un técnico suma muchas derrotas, es evidente que el mensaje no está llegando bien. Si el vestuario no le compra el discurso y se encuentra fracturado, hay que ver si es un problema coyuntural o estructural. Si no es posible reconstruir la situación, se tiene que ir el entrenador". El resultado es el síntoma, no la enfermedad. "A veces los clubes cambian tres veces de entrenador, y el problema no está ahí. Hay que entender el problema y atacarlo: si es el ambiente, los jugadores, la relación entre ellos. El entrenador puede ser el principal responsable. Pero yo prefiero entender bien el problema y, si es posible, atacarlo sin hacer grandes cambios", comenta André Zanotta, director deportivo del Dallas FC.

Los datos y los testimonios, entonces, confirman las sensaciones. La posición laboral de entrenador de fútbol en un equipo profesional es ingrata, inestable y hostil. Y es esa posición, su historia cultural y su realidad actual la que define también cómo son los procesos de inserción y adaptación de los profesionales que ocupan esos cargos.

En este ambiente contextual e históricamente hostil, el entrenador de fútbol suele operar reaccionando de forma reactiva. ¿Cómo funciona eso? Por lo general, los cuerpos técnicos están compuestos por un grupo reducido de personas, un mínimo de tres hasta un máximo de seis o siete. Esto es así por diferentes motivos, siendo el económico uno de peso importante: cuántas más personas integran el grupo, más hay que dividir la remuneración. Muchos entrenadores, como líderes de esos grupos de trabajo, aún no entienden que ampliar su plantilla de trabajo integrando profesionales de distintas áreas de conocimiento y *expertise* es una inversión más que un gasto, pero esa es otra batalla. Como se refería anteriormente, el entrenador arriba a una institución como cabeza de un núcleo cerrado compuesto por reducido personal, y asume la gerencia del equipo. Muy por lo general, ese grupo de trabajo está compuesto por exfutbolistas y/o gente de años en el ambiente, dentro del cual han pasado por diversas experiencias hostiles, por lo que el primer

acercamiento es reticente. Existen desconfianza, rencores y heridas sin sanar. Más aún, pasan a ocupar una de las posiciones más importantes, deseadas, evaluadas y denostadas de la estructura del fútbol profesional con ese bagaje, con esos antecedentes en la mochila de su profesión.

Ante esto, ese grupo de trabajo se repliega y aísla. Y ese es un error. El entrenador arriba con sus consortes de confianza, y se encierra en su mundo, contra todos, a ver si y cuánto puede aguantar, en agazapada posición defensiva.

Frente a esta realidad, ampliamente mayoritaria en la totalidad de los casos, se empieza a perder de una fuente riquísima de información, la necesaria apertura e inclusión hacia y de las personas que trabajan como *staff* permanente del club.

Si sos entrenador y estás por asumir en un equipo, lo primero que yo te recomendaría sería que organices con prontitud un asado con los trabajadores diarios del plantel profesional. Invitalos, sentate, preguntá y escuchá mucho, todo. El utillero, el masajista, el kinesiólogo, el psicólogo (si con suerte hubiere), el médico, el profe del club, son las personas fundamentales. Ellos son los que arrastran el proceso del equipo, los que conocen qué pasó antes de vos en detalle, cómo son los futbolistas que vas a dirigir. No entres como entra la mayoría, con el aura de todopoderoso y la testarudez de la falsa convicción, porque, cuando la pierdas y tengas que necesitar respaldo, es posible que ya sea tarde para echar mano a los de adentro, los de siempre. Entonces escuchá sus historias, regalos con la sensación de importancia que tienen y merecen, son tu equipo, ellos van a estar con vos y van a ser importantísimos en el apuntalamiento de tu proceso de trabajo. Son las personas con los que los jugadores van a ir a charlar, en tarea, de lo que sienten y piensan. Son las personas a las que los jugadores les van a pedir opinión, o van a recurrir en busca de complicidad. Tienen que estar del lado del entrenador, tienen que jugar para el entrenador. Pero es muy difícil que actúen así si el entrenador no les abre el juego, los incluye y los hace sentir parte.

Lo mismo pasa con los dirigentes. Cuando un entrenador asume el cargo con su equipo, empieza una especie de pulseada fría, invisible con el o los responsables de su contratación y provisión diaria de condiciones de trabajo. Una silenciosa, pero permanente, medición de fuerzas de cada uno, de parte de los dos lados, de ida y de vuelta. Y ese es otro error, primero, porque ambos se necesitan. Y segundo, porque los dirigentes muy posiblemente sean hinchas de añares de antigüedad. Entonces son los que han acompañado al equipo desde siempre, los que han sufrido mucho y gozado muy esporádicamente con esos colores. Son los que entienden la cultura, el paladar de la tribuna, el perfil del fútbol del club. El entrenador puede estudiar a fondo ese club, hasta conocerlo por haber jugado en él, pero los que mejor saben cómo se manejan los humores de ese lugar son los hinchas, y casualmente, en Argentina particularmente, sucede que los dirigentes son esos hinchas que poseen esa información, vital para la inserción social correcta del entrenador y su grupo de trabajo.

Todos los clubes tienen una cultura distinta, todos buscan lo mismo, pero dentro de ellos es distinto. La cuestión identitaria, las atribuciones de las victorias y las derrotas del pasado, los motivos de trascendencia de jugadores, entrenadores y dirigentes, la historia de lucha de su masa societaria, todo eso hace al contexto del club, y ese contexto está compuesto por todos esos paradigmas reproducidos por ese grupo de personas que van a ser los que determinen si el entrenador es aceptado, ratificado y querido, o no. Después está el fútbol, pero antes del fútbol está todo esto, las cuestiones sociales y culturales.

Hacia finales de octubre de 2009, Rodolfo Molina, otrora presidente de Racing, anunciaba a Lothar Matthaus como entrenador del plantel profesional, en reemplazo del renunciante Ricardo *Caruso* Lombardi. "Entendemos que causará un *shock* anímico para el plantel, que hoy es lo que más se necesita", dijo Molina en su momento. A pesar de manejar el alemán, italiano, inglés y algo de portugués, no dominaba el español, y Juan Barbas, hasta ese momento interino, iba a ser su ayudante. Kristina, su cuarta esposa, había puesto algunos requisitos, como un hotel cinco estrellas, auto

blindado, y se especulaba con que iba a participar en el programa de Marcelo Tinelli. A pesar de los rumores, no fue ella quien terminaría haciendo caer las negociaciones, sino la dilación de parte de Racing del envío de los avales bancarios exigidos por el alemán como condición indispensable para subirse al avión. Hubiera sido interesante observar cómo se podría haber desenvuelto Matthaus como entrenador sin hablar el idioma y sin cuerpo técnico dentro de la posición con las características a las que se viene haciendo referencia. Argüiblemente le habría costado mucho.

Sería importante que los encargados de las contrataciones de entrenadores en los clubes entiendan que las cuestiones anímicas pueden potencialmente estar mejor manejadas por un psicólogo deportivo, que los *shocks* son efímeros, pero el trabajo es duradero, y que la condición mínima indispensable de un entrenador es la capacidad de construir vínculos, contando con la mayor cantidad de recursos a ese fin disponibles.

Especialmente también porque, como se viene haciendo mención en este apartado, todo está inmerso, rodeado e influenciado por la cultura. La cultura del equipo, del club y del grupo de personas que lo constituyen. ¿Por qué cada club es diferente? ¿Qué es lo que hace que en diferentes situaciones muchos quieran jugar ahí, y en otros momentos nadie? Lo que marca el punto de distinción es la cultura de esa organización subjetiva de personas. La cultura organizacional, entonces, es un conjunto de creencias, hábitos, valores, actitudes y tradiciones existentes en todas las organizaciones, y que las hacen únicas. Así, desempeña numerosas funciones dentro de la organización:

- Tiene un papel de definición de límites; es decir, crea distinciones entre un grupo y los demás.
- Transmite un sentido de identidad a los miembros del equipo.
- Facilita la generación de un compromiso con algo más grande que el interés personal de un individuo.
- Incrementa la estabilidad del sistema social.

Distintos teóricos de la cultura de las organizaciones han llegado a un consenso acerca de que la cultura organizacional está formada por tres niveles de conocimientos:

- Supuestos inconscientes: son creencias adquiridas y compartidas en relación con la organización y la naturaleza humana.
- Valores: son parte de los principios, normas y modelos importantes que dirige el comportamiento de quienes conforman el grupo.
- Artefactos: es todo lo que se puede ver, oír y sentir dentro de esa organización. No puede haber cultura de gran organización si los instrumentos con los que cuentan son de segunda mano, por ejemplo.

A su vez, hay distintos elementos que componen la cultura organizacional:

- La identidad: compuesta por el conjunto de intenciones que mueve al club, su razón de ser. Eso está directamente influenciado por los objetivos de la organización a largo plazo, los rituales particulares que se celebran dentro del club, y los valores, que son ni más ni menos que los cimientos sobre los cuales se construye esa organización.

- Los sistemas de control: las normas son necesarias en toda cultura organizacional. Son los procesos que vigilan aquello que sucede en el interior de esta, y controlan aquello que está bien sancionando, aquello que está mal.

- Las estructuras de poder: ¿quién manda? ¿Quiénes están a cargo de tomar las decisiones? Mediante las estructuras se define cómo será el tipo de relaciones que se establecen.
- Las historias y anécdotas: como se desarrollaba anteriormente, las historias cuentan cómo surgió el club, su crecimiento y cómo consiguió posicionarse en la competencia. Las anécdotas son normalmente contadas por los hinchas de mayor an-

tigüedad, que se las relatan a los nuevos socios, trabajadores, jugadores.

La cultura del equipo, entonces, es muy importante, tanto por presencia o ausencia de la misma. Es necesario ser conscientes de que la cultura organizacional no permanece fija. Por el contrario, los valores se encuentran en constante cambio, y siempre están transformándose como respuesta a estímulos externos e internos. Factores como la rotación de personas y los resultados deportivos impactan en la conformación cultural. De igual forma, en la medida en que el club logre transmitir los valores, hábitos y creencias a sus futbolistas, puede esperar que estos sientan un genuino interés por alcanzar las metas de ese club, aportando un plus, de lo contrario, solamente cumplirán con sus funciones obligatorias, sin ir más allá de lo esperado. Al definir y transmitir la cultura organizacional, se puede incentivar un sentimiento colectivo de pertenencia que derive en la búsqueda activa de cada uno de los miembros del grupo de trabajo por alcanzar el éxito conjunto; si no se cuenta con una cultura organizacional firme, lo más seguro es que cada jugador actúe en favor de sus propios intereses, y no se sume a la colaboración con los demás, lo que sucede mayoritariamente en el ambiente del fútbol. El ambiente de trabajo está determinado por una cultura, y esa cultura también es influenciada por las relaciones que se dan dentro de ese espacio, retroalimentándose mutuamente. Cuando las personas comparten los mismos códigos morales, tienen una mayor disposición a colaborar. Por el contrario, cuando no existen valores y creencias compartidas, es mucho más difícil que los colaboradores sepan trabajar juntos y generen resultados basados en la cooperación.

Carlo Ancelotti es un entrenador italiano que no puede permanecer ajeno a cualquier seguidor del fútbol. Considerado como uno de los directores técnicos más prestigiosos y exitosos de la historia del fútbol, ostenta el récord de ser el único entrenador en haber ganado las cinco grandes ligas europeas (España, Italia, Alemania, Inglaterra y Francia) de la UEFA. Asimismo, es el entrenador que más veces ganó la Champions League, habiendo conquistado el título en cuatro ocasiones (dos con el Milan y dos con el Real Madrid), ha dirigido también en cinco finales de esta misma competición, llegando a esta instancia más veces que ningún otro entrenador, y es el conductor con más Supercopas de Europa ganadas, también con cuatro conquistas; pavada de palmarés. Es traído a consideración pues ha sido un referente en el respeto de la cultura del club desde el lado del entrenador. ¿Cómo lo ha hecho? Entre otras cosas, designando como su primer asistente técnico a alguien intrínsecamente ligado al club del que asumía las riendas, a fin de poder familiarizarse lo más rápidamente posible con el entorno del equipo que iba a dirigir.

En su primera experiencia como entrenador fuera de su Italia natal, Ancelotti tomó las riendas del Chelsea inglés para la temporada 2009-2010. Allí designó a Paul Clement como su entrenador asistente. ¿Quién es Paul Clement? Paul Clement es un entrenador inglés que ya figuraba en el organigrama de entrenadores del Chelsea hacía una década, en donde había comenzado a trabajar con chicos de diez años. Habiendo progresado en la escala jerárquica por su capacidad y dedicación, y tras haber dirigido la sub-21 del Chelsea, le llegó la oportunidad de ser el segundo entrenador del holandés Guus Hiddink, declarado técnico interino en ese entonces a partir de febrero de 2009 y hasta junio del mismo año, ya que el holandés era también entrenador de la Selección de Rusia. En esa breve, pero fructífera, etapa con los *blues*, Clement colaboró en las conquistas de la FA Cup, la llegada a semifinales en la Champions, y la obtención del tercer lugar en la Premier League, perdiendo solo 1 partido de los 22 en los que integró parte del comando del equipo londinense. El ciclo posterior a esa etapa es el que encuentra a Carlo Ancelotti asumiendo la conducción del equipo, y confirmando en su cargo a Clement, designándolo como primer asistente suyo en el equipo azul de 2009 a 2011.

Tras un paso de dos años en lo que en ese momento era un incipiente PSG, recientemente adquirido por Oryx Qatar Sports Investments, recaló ni más ni menos que en el Real Madrid, en donde volvería a apelar al recurso de nombrar como asistente principal a un hombre de la casa, esa vez fue un tal Zinedine Zidane. Años más tarde, Ancelotti explicaría que Zidane lo convenció en adaptar

los esquemas tácticos a las calidades de sus jugadores, y que la experiencia como técnico madridista fue la más formativa de su carrera, en una entrevista publicada en el diario italiano *Corriere dello Sport*. La historia de Zidane a partir de eso es igual o más de conocida. Fue segundo entrenador de Ancelotti en 2014, año de la conquista de la décima Champions del conjunto madridista, ganada en Lisboa contra el Atlético Madrid. Después de trabajar ese año con el italiano, Zidane entrenó al filial Real Madrid Castilla antes de tomar el mando del primer equipo en 2016, y hacer historia conquistando tres Copas de Europa consecutivas, en Milán 2016, Cardiff 2017 y Kiev 2018.

Tras Real Madrid, Ancelotti se mudó a Múnich para dirigir al gigante alemán, el Bayern de esa ciudad. Allí repitió la metodología. Sostuvo a un hombre de la casa como su segundo asistente, en este caso fue el alemán Hermann Gerland, un exfutbolista presente en la estructura del Bayern desde 2001, logrando para la temporada 2008-2009 ser promovido como asistente técnico del primer equipo, puesto que conservó con Ancelotti. En el Everton inglés, para la temporada 2019-2020 ratificó a Duncan Ferguson como su asistente principal, un héroe local como jugador, y técnico interino hasta la llegada del italiano. El respeto por la cultura, tanto como la demostración de ese respeto para el adentro del equipo y el afuera marca una línea conductual y paradigmática que establece relaciones diferenciales a la hora de conducir. "En Inglaterra, los equipos tienen menos habilidades tácticas en el aspecto defensivo. En Francia, los equipos son duros físicamente. En España, los equipos tienen el placer de jugar al fútbol. Hay que adaptar la metodología a esas diferencias", supo decir Carlo Ancelotti.

Por último, pero no por eso menos importante, y como consecuencia de estas consideraciones, los hinchas son más proclives a apoyar a un equipo con el que se sientan identificados a nivel cultural. Le comentó Julio Velasco alguna vez a Sergio Hernández para una entrevista del programa de Entrenadores del entrenador de básquet: "Si un equipo da todo, juega con todo lo que tiene, y la gente ve que no le alcanza para ganarle al otro, porque el otro es más fuerte, la gente se identifica con el equipo. Si el equipo gana, se enamora del equipo, pero si pierde, se identifica. Porque le pasa a la gente normal eso. Y eso hay equipos que lo transmiten y equipos que no. Yo incentivo a mis jugadores a que transmitan eso, pero para transmitirlo tiene que ser verdad, no se puede transmitir una cosa que es mentira, tiene que ser verdad". Eso es, ni más ni menos, cultura.

¿Cómo va a empaparse de esto el entrenador? ¿Cómo se va a informar, nutrir y sacar provecho del factor cultural? ¿Cómo sería sin diálogo o comunicación fluida con las personas que ya cohabitaban ese entorno? ¿Cómo se trabaja de forma integral y completa en aislamiento e indiferencia?

Por otro lado, también, ¿cómo se encara un cambio cultural? Seguramente se necesiten de resultados rápidos, pero para eso el entrenador tiene que convencer velozmente a todo el grupo de jugadores y *staff* que forma el equipo, si no convence, no va a poder ganar. Y ¿cómo va a convencer si no se integra y comunica?

CAPÍTULO 10

GESTIÓN DEL ERROR Y LAS COMUNICACIONES "DIFÍCILES"

"No fracasé, solo descubrí 999 maneras de cómo no hacer una bombilla."

Thomas Edison.

Cualquier entrenador que asume al frente de un grupo de trabajo, que, como se viene sosteniendo, está compuesto por futbolistas y *staff* colaborador, va a introducir en algún punto de la gestión alguna variante. Esto es inherente a la naturaleza, la conducta y las relaciones humanas, no existen dos personas iguales, tanto como los momentos y las acciones son irrepetibles. Teniendo en cuenta, a su vez, que toda acción que cualquier ser humano encare siempre va a tener algún cuestionamiento por parte de alguna otra persona (no ha habido en toda la historia de la humanidad un hecho universalmente exento de crítica), el foco de importancia se divide un tanto entre el qué es lo que se hace y el cómo es que se hace. En la conducción de grupos humanos es posible que una buena gestión de numerosos "cómo" le otorgue más margen de "qué" a aquel que encara la acción. Cuando se habla de acción, se habla del hecho de intentar algo que no se está haciendo, lo que normalmente

implica movimiento o cambio de estado o situación, y afecta o influye en una o varias personas. Es un hecho, acto u operación que implica actividad, movimiento o cambio, y normalmente un agente que actúa voluntariamente, en oposición a quietud. Dentro de las consecuencias de esas acciones están los aciertos o los errores.

El error es algo inherente a la acción humana. Está en las bases del aprendizaje, y es un hecho absolutamente indispensable para el progreso individual. Esto no tiene discusión. Pero, a su vez, en el ambiente y el entorno del fútbol, es algo señalado, denostado, rechazado y temido. En este ambiente, tan retrógrado en muchos aspectos, conservador y temeroso del cambio, son muy pocos los protagonistas que abordan al error de manera correcta, siempre teniendo en cuenta que al error hay que abordarlo, pues evitarlo o eliminarlo es imposible, y negarlo es perjudicial. La evitación del análisis en profundidad del error, por lo desagradable emocionalmente que se siente, es también la pérdida de la oportunidad de aprender del mismo, especialmente si se trata de errores evitables o poco inteligentes. La innovación se nutre mucho más de errores que de aciertos.

Algunas recomendaciones para el abordaje del error oscilan dentro de las siguientes puntualizaciones:

- Entender el error como un hecho puntual en lugar de verlo como algo permanente.
- Asumirlo como parte del camino hacia el objetivo.
- No anclarse en el error, poner en funcionamiento la creatividad y buscar soluciones; el error da oportunidades.
- No permitir que el pasado condicione.

Existe una cultura en el fútbol en la que el error es sinónimo de torpeza, escaso nivel o falta de actitud. El jugador no entiende ni acepta sus propios errores, lo alteran, sacan del partido y llenan de inseguridad. Se piensa que quien se equivoca es que no está preparado o no vale. Esta cultura negativa del error tiene graves consecuencias, tales como el miedo a equivocarse, el pánico por el qué dirán, el recorte de oportunidades a quienes se equivocan y el malestar emocional, entre otros.

Es una falacia que "los buenos no se equivocan". Es otra de esas frases hechas en el deporte, tan dañinas como carentes de verdad. Pero es una cuestión cultural, un mal de esta época globalizada y consumista, el error vende más, el error chistifica y el error regocija, hay personas que hinchan "en contra de", en vez de "a favor". Así, se va aceptando progresivamente cada vez menos la posibilidad de errar, y cuando eso sucede la atención se centra en no fallar. Entonces uno se aleja de su mejor trabajo, del rendimiento óptimo. Entrenar o competir pendiente de no cometer un error no permite que se exprese el talento en su amplitud. Pretendiendo no equivocarse, se precipitan los errores, porque se pierde soltura y capacidad.

La realidad empírica es radicalmente diferente. Como se comentaba anteriormente, el error forma parte del proceso de aprendizaje. Todo aprendizaje se basa en el principio de disminución del error frente a la progresiva práctica o exposición a la experiencia. En el proceso de aprendizaje, el error va reduciéndose de más a menos, pero siempre está. Es más, los errores pueden seguir produciéndose cuando ya se ha consolidado el aprendizaje, aunque sean de forma más puntual, pues somos personas, no máquinas. En las ciencias humanas (psicología y pedagogía), el criterio de dominio para establecer que un aprendizaje está realizado y consolidado es realizar la conducta aprendida en cuatro intentos de cada cinco. ¿Qué quiere decir esto? Pues que, cuando ya se ha producido un aprendizaje, existe un margen de error del veinte por ciento.

El error, entonces, es la fuente de aprendizaje por excelencia. El error favorece la autoevaluación, estimula una actitud autocrítica, de revisión y reflexión sobre el propio comportamiento o toma de decisión. Esto es fundamental. El error bien gestionado libera de temores y miedos, hace a las personas más valientes, más libres. Los miedos limitan y atan, hacen prisioneros a quienes los sufren. El error hace a las personas y a los equipos más resilientes, no llegan los mejores, sino aquellos que mejor superan las dificultades, es decir, los que mejor gestionan sus errores.

Como entrenador o cabeza de grupo, la asunción del error es un tema complejo. La situación es aumentada por la cantidad de personas que evalúan permanentemente las acciones de esa persona y la exposición a la competencia. Más aún se dificulta cuanta mayor sea la imagen de inexpugnable que presente ese conductor. En ese sentido, no hay que esconderse frente al error, la asunción del mismo en una valiente y sentida aceptación puede consolidar más de lo que puede desestabilizar, por más contrario que parezca a la lógica imperante. Dentro de esta concepción, se torna imprescindible también que esa persona que toma las decisiones más importantes y calientes del grupo se rodee de personas que tengan la confianza y la capacidad crítica de señalarle a quien conduce cómo, cuándo y de qué manera es que se equivoca. El narcisismo propio de cada uno suele blindarnos imaginariamente frente a nuestros errores, y el trabajo de sostener una imagen confiada y segura no contribuye con la detección del error. Es el entorno más cercano el que debe de tener la soltura, el arrojo, el tacto y la cercanía para orientar al conductor en el descubrimiento de ese error. No hay peor compañero para un entrenador que un obsecuente. A la hora de elegir a sus laderos, el entrenador tiene que ponderar como una condición indispensable la evaluación de si esa persona que está seleccionando para acompañarlo va a ser capaz de decirle cuándo se está equivocando. Es imprescindible rodearse de personas que, con tacto y confidencia, te señalen los errores, y es necesario hacerse cargo de ellos y asumirlos responsablemente, pidiendo perdón si fuera necesario, y comunicando la asunción.

La comunicación es fundamental. No se pierde "poder" por asumir un error, por el contrario, se gana en humanización y valentía. Hay pocos elementos que ofrezcan más posibilidades de identificación que la asunción de vulnerabilidad, pues todas las personas la portamos. En el fútbol suele haber poca comunicación bidireccional (de los entrenadores hacia los jugadores y viceversa), es más bien unidireccional (únicamente de los entrenadores a sus dirigidos), y esa situación le quita muchas de las ventajas que puede otorgar el proceso comunicacional. Sobre todo para desterrar algunas de las frases hechas en el fútbol, construidas y consolidadas hace algún tiempo pasado, que necesitan de revisión y jubilación.

Hay una en particular que merece especial atención: "No pregunto cuando juego, no pregunto cuando no juego".

Trabajando en un equipo de fútbol profesional una vez administré un test Gallup 12 adaptado al fútbol, para medir el compromiso y el nivel de vinculación de los jugadores con el club y de manera interna entre ellos. En las investigaciones que precedieron a su estandarización, la herramienta de Gallup, probada a nivel empresarial, marcó que el 87% de la fuerza laboral del Reino Unido no estaba comprometida con su trabajo u organización, un número altísimo, que indica que las personas pasan por su vida laboral en piloto automático. Imaginen entonces en el fútbol la importancia de ese índice, en donde ya se ha discutido acerca del promedio de duración en el cargo de entrenadores y la inmensa rotación anual de futbolistas de un equipo a otro. El test Gallup 12 tiene como objetivo identificar 12 elementos para una buena gestión, brinda información sobre dónde se deben enfocar los esfuerzos para construir equipos de alto rendimiento y entornos de trabajo positivos y productivos. Estas son las preguntas de la encuesta de Gallup, que brindan esta información sobre el compromiso de los involucrados, adaptada al fútbol:

1. Conozco lo que se espera de mí.
2. Dispongo del material y recursos necesarios para realizar mi trabajo correctamente.
3. Tengo la oportunidad de hacer lo que mejor hago todos los días.
4. En los últimos siete días he recibido algún reconocimiento por lo que hago.
5. Algún dirigente, cuerpo técnico o compañero se preocupa por mi bienestar personal.
6. Existen personas en el club que alientan a que me desarrolle.
7. Parece que se tiene en cuenta mi opinión.
8. El objetivo del equipo hace que sienta que mi trabajo es importante.

9. Mis compañeros están comprometidos con la realización de un trabajo de calidad.
10. Tengo un amigo en el equipo.
11. Durante los últimos seis meses alguna persona en el club me ha hablado de mi progreso.
12. Durante el último año he tenido la oportunidad de aprender y mejorar.

En mi experiencia, y para reforzar las apreciaciones que se vienen volcando en este apartado con datos, dos de las tres las preguntas que siempre acumulan un número total de los más bajos son la número uno y la número siete. Resulta muy sorprendente, la pregunta número uno consulta al jugador acerca de su conocimiento sobre lo que se espera de él, las valoraciones numéricas de respuesta son siempre bajos. ¿Cómo es posible que el jugador pueda rendir acorde a las expectativas si no se le especifica o no tiene claro qué es lo que se espera de él? Es imprescindible para el compromiso, la motivación y la sinergia del equipo que cada jugador sepa con claridad cuál es su rol, su conducta esperada, y qué circunstancias y acciones hacen que se desempeñen bien o no, algo básico. Con ese conocimiento, el jugador puede adaptar su prestación y saber en tiempo real cuándo está haciendo bien o mal las cosas. ¿Para qué sirve un conocimiento si no modifica un comportamiento? Esto se puede hacer de manera tanto grupal como individual, por posición o por persona, de índole futbolística o personal, pero es imprescindible que se haga. El jugador que tiene en claro qué tiene que hacer o qué se espera de él sabe cuándo está haciendo los méritos para entrar o salir del equipo, y es consciente también si el colega contra el que compite para ingresar al once está haciendo esas mismas cosas mejor o peor que él. Los silencios en este y otros aspectos suelen siempre ser llenados con apreciaciones personales o externas, sesgadas y subjetivas, que no hacen más que avivar un malestar.

Con respecto a la pregunta número siete, la gran mayoría de los entrenadores subestima, por desconfianza o desvalorización, el valor que puede aportar una opinión bien intencionada y fundada de un jugador de su equipo. Por tal motivo no estimulan la aparición de la oportunidad. Muchos optan por mostrarse disponibles, pero es solo una fachada, pues no comparten momentos en los que el jugador pueda aproximarse, y frecuentemente optan por mantener distancia. Si los jugadores tienen una opinión para aportar sobre algo, es importante que sientan que alguien puede escucharlos, eso refuerza el vínculo y eleva las prestaciones. ¿Alguna vez trabajaron en un lugar en el que su opinión no contaba? ¿Qué impacto tuvo eso sobre su compromiso?

Como entrenador, abrir espacios de conversación bidireccional puede ser una tarea difícil, pues muchos pueden sentir que pierden las riendas de la conducción. Pero si los jugadores no encuentran puntos de compromiso y vinculación y/o directamente no saben qué se espera de ellos, difícilmente ese proceso llegue a buen puerto. Según datos de Gallup también, el 85% del compromiso de los involucrados en grupos de trabajo es impulsado por el líder de ese grupo. Hay pocas herramientas de gestión mejores que la conversación, y eso incluye a todos los tipos de ella.

CAPÍTULO 11

SINTOMAS DE FALLAS EN EL MANEJO. RELACIÓN CON CAPITANES

"Aunque siempre traté de probar lo contrario, creo que el ciclo de un equipo dura unos cuatro años y luego se necesita algún cambio. Si querés durar, tenés que cambiar el plantel".

Alex Ferguson.

Es imposible que en un grupo de alrededor de 30 jugadores de fútbol profesional, todos estén contentos. Sencillamente imposible. Hay egos, ambiciones, entornos, relaciones y subjetividades inviables de compatibilizar. Por más teorías de liderazgo, acercamientos comunicacionales efectivos o éxitos deportivos que se vayan alcanzando. Pero tampoco ese es el objetivo del entrenador. El objetivo del entrenador no es mantener a toda la plantilla de jugadores felices, es hacer que trabajen en sinergia, cooperación y armonía, eso es distinto. Lo primero sería inasequible, lo segundo, más probable.

Para tal fin, el entrenador sí cuenta con herramientas más eficaces, como las que se vienen desarrollando que pueden estar teniendo un impacto grande o relativo en el proceso de conducción.

Es tarea del grupo conductor la del semblanteo de fisuras en el tipo de conducción optada por desempeñar, en ellos recae la detección de síntomas que evidencian una posible falla o brecha en el manejo del grupo.

La elección de la palabra "síntoma" no es azarosa. Se entiende por síntoma a un indicio o señal de una cosa que está ocurriendo o que va a ocurrir. En medicina, los síntomas son las manifestaciones perceptibles de una enfermedad subyacente, que de otro modo podría seguir no detectada (por ejemplo, la fiebre podría aparecer como la manifestación de una infección). El concepto de síntoma se afirma, entonces, sobre una distinción básica entre superficie y profundidad, entre los fenómenos (que se pueden experimentar directamente) y sus causas ocultas, que hay que inferir. Cuando se trata de combatir los síntomas, en medicina principalmente, la industria farmacológica ha desarrollado inmensamente el concepto de medicación. Posiblemente la medicación que actúa sobre los síntomas sea la misma para varias o muchas personas, pero: ¿es suficiente con acallar el síntoma? ¿Qué pasa con lo más profundo que los genera, con la causa? Los síntomas son el signo, el aviso de que algo no está funcionando bien, de que algo no va, de que algo no marcha; por ello, si la intención es la de erradicarlo, el camino es el de ir más allá, ahí donde se están generando estos síntomas: lo profundo.

En fútbol y su conducción, los síntomas son más que nunca un llamado de atención y un llamado a la acción, alguna, de alguien, aunque generalmente es un reclamo para que los portadores de poder dentro del grupo ocupen un espacio vacío de sentido, de disciplina y de norma.

Los síntomas más comunes en equipos de fútbol, aquellos signos de que hay algo que necesita rectificación, son los berrinches públicos de jugadores (generalmente en entrenamientos o frente a la prensa), y las peleas físicas entre compañeros. Esos son los dos síntomas por excelencia. Esos hechos atentan contra la armonía grupal, e interpelan al conductor, lo ponen en una situación incómoda frente a la cual la evaluación del grupo, ya de por sí constante, se incrementa y convoca a un acto. Si bien una vez acontecidos hay que tener la suficiente claridad como para discernir bien qué jugador lo realiza, a partir de qué situación y por qué motivo, por lo general toda acción de este nivel supone una rebelión y un desafío. Los jugadores tienen este tipo de actitudes cuando y porque sienten impotencia, y esa impotencia genera el acto como reclamo para que el conductor baje una norma. Los síntomas son un llamado al diálogo, todo lo que no se dice no muere, mata.

Es ahí en donde el conductor tiene que detectar que se le fue escapando algo y que la situación estalló, por lo que la acción reparatoria debe aparecer en breve. Los actos descriptos son la punta del iceberg del problema, lo que se deja ver y permite intuir aquello sumergido. El conductor tiene la demanda de llenar el vacío de poder que generó esa escala comportamental en sus manos, y no hacerse cargo de ella podría suponer una pérdida de poder o de compromiso interno.

A fin de prevenir este tipo de situaciones, existen mecanismos de previsión de relativa facilidad y alta utilidad. Uno de ellos es el establecimiento de jerarquías intermedias, tales como la empoderación e inclusión de los capitanes del equipo (nótese, en plural) en una "mesa" amplia de conducción. Julio Velasco, en una entrevista para la revista *El Gráfico*, comentó lo siguiente: "No todos los jugadores deben ser tratados de la misma manera". Esta frase lleva a entender un camino para forjar grandes equipos de trabajo. Entender cada rol y compromiso que tiene cada integrante de un grupo, y, por ende, generar una comunicación de manera personalizada, hará que no solo haya efectividad en la función o las tareas, sino también que se generen grandes sinergias en los equipos. "Un entrenador primero tiene que saber del juego. Si no sabés del juego, por más que seas el mejor manejador de grupos, no vas a ningún lado. Después, no siempre el técnico es un líder fuerte, puede delegar, hacerlo en conjunto con jugadores, con colaboradores, con su segundo o con un dirigente. Una de las causas del porqué, para mí, no hay tantos entrenadores para equipos grandes en fútbol es porque se les piden demasiadas cosas. Es decir, porque no se trabaja en equipo tiene que saber hacer todo". Walter Erviti, nuevamente,

hace mención a esto en el episodio N°. 81 del *podcast* de *Olé* en Spotify, "La Primera Jugada":

- "Si un jugador tiene un problema, y yo voy a ir a hablar con el jugador, el jugador va a venir a hablar conmigo, y no es tan simple porque un jugador no tiene tanta confianza como el entrenador, ya que sabe que el último lo está evaluando para ponerlo o sacarlo del equipo, entonces sí o sí se genera una distancia entre ese jugador y el entrenador".
- "Hay una distancia que yo tuve que tratar de achicar con los líderes naturales o los líderes que fuimos generando en este período, con los cuales uno logra tener menor distancia que con el resto, porque no es que yo no generé relaciones con los jugadores, porque a mí me parece que lo más importante es poder mantener una comunicación fluida, diaria, pero no es tan simple para el jugador. A veces no quiere estar con vos, no te quiere escuchar, porque él tiene emociones, el jugador tiene sentimientos, tiene momentos. Y en ese momento tiene que llegar un compañero bueno".
- "Esta es una de las cosas que me sorprendió, que más allá de mi predisposición y más allá de mi sinceridad y mi cariño por ellos, ellos tienen sus momentos, y a ese momento solo le llega un compañero, un colega, un igual, no le llega al entrenador".
- "Yo tenía compañeros que pasaba a buscar para ir a entrenar e iban dormidos porque habían salido toda la noche de fiesta, y a mí me lo contaban. Yo era el capitán del equipo, me lo contaban, yo trataba de dibujar la manera, porque sabía que era un jugador importante, para que ese día no se desgastara, no se cansara. Los jugadores no vienen a mí a decirme como entrenador 'hoy quiero descansar porque anoche me fui de joda', no te lo van a decir, entonces hay que gestionar".

Los capitanes, los líderes naturales de los grupos, son los que mejor saben qué es lo que está pasando puertas adentro del vestuario. Ellos tienen que ser los aliados fundamentales del entrenador en el proceso conjunto de conducción. Sin el apoyo de los referentes (ganado a partir de acciones concretas destinadas al empoderamiento y la valoración de ese grupo de personas), y con la ausencia de acción dialoguista frente a los síntomas, el conductor tiene elevadas chances de perder la ascendencia sobre el grupo, como ya se hubiere planteado cuando se discutió previamente en este libro el concepto de cohesión.

CAPÍTULO 12

DIFERENCIAS DEL LIDERAZGO (SOCIAL Y FUTBOLÍSTICO). EXCLUSIONES DEL EQUIPO POR CUESTIONES SOCIALES

"La clave para un liderazgo exitoso es la influencia, no la autoridad".

Kenneth H. Blanchard.

El liderazgo es un tema harto estudiado. En entornos militares, empresariales, políticos, sociales, deportivos y otros. En este libro, sin ir más lejos, ya se ha abordado la temática en el apartado de los conceptos de psicología del deporte desarrollados anteriormente. Pero en esa ocasión se hizo hincapié sobre los diferentes estilos de liderazgo que existen y se han estudiado, en esta oportunidad se desarrollarán los tipos de liderazgo existentes y deseables dentro de la estructura de los equipos de fútbol.

Se cree que un equipo de fútbol funcional necesita de al menos dos tipos de liderazgos distintos, diferentes y diferenciados, el liderazgo de tipo social y el de tipo futbolístico. En algunas ocasiones, esos dos tipos de liderazgo confluyen en una misma persona, o grupo de personas, pero lo ideal es que las responsabilidades se

repartan. Divididos entonces los tipos de liderazgo, centrémonos en las características y las responsabilidades de cada uno de esos. Como mínimo, existen cinco necesidades psicológicas en un equipo, para ellas se requiere de al menos un tipo de liderazgo. El orden es independiente, todas son igual de igual importancia, y todas deben estar cubiertas si se pretende que el equipo rinda como tal.

Dentro del tipo de liderazgo social, hay tres subcategorías:

- El líder social propiamente dicho:
    - Su objetivo es el de velar por el buen ambiente de trabajo, un ambiente que propicie un desarrollo del trabajo en armonía, y que facilite la posibilidad de potenciar el rendimiento de sus compañeros. El líder social cohesiona al grupo y lo hace sentir como una sola unidad, tiene relación con todos los subgrupos dentro del equipo, y empatiza con todos los compañeros.
    - Cumple dos funciones principales: intenta hacer más fácil la integración de nuevos jugadores al equipo, y vela, encargándose dentro de sus posibilidades, de las relaciones públicas del grupo, las deseables y las no tanto. Se ocupa de apelar por los intereses del grupo en función del bien común o mayoritario, y tiene una mirada global del núcleo de sus compañeros. El líder social lleva adelante las normas y sanciones del grupo, y es respetado por su ascendencia personal, indistintamente de sus prestaciones deportivas.
- El líder anímico:
    - Dentro de la esfera social, se inmiscuyen algunas otras cuestiones afines que merecen ser desmenuzadas por su peso y trascendencia. De hecho, en psicología del deporte, liderar es influir, es contagiar. Así, el líder anímico es aquella persona a la que los demás compañeros ven para saber cómo hay que estar. Es aquel que cuando todos los compañeros agachan la cabeza y piensan en negativo,

pega un par de gritos, mira a la gente a los ojos y cambia el estado de ánimo del equipo. El líder anímico interpreta el estado de ánimo colectivo, y se rebela ante él o lo potencia, todo con el poder de contagiar esa emoción al resto de sus compañeros, es el termómetro emocional del equipo.

- El líder del compromiso:
    - Habiendo dicho que la influencia es contagio, este tipo de liderazgo no puede no ser incluido. La principal función de este tipo de líder es la de demostrarle al resto de sus compañeros que las exigencias son posibles de cumplir. Actúa como ejemplo a seguir, tira del carro cuando el grupo se queja, toma la iniciativa, se deja la piel en cada ejercicio, es un ejemplo de puntualidad y cumplimiento de normas, eleva el nivel de autoexigencia del grupo, y contribuye a que se genere una dinámica de esfuerzo en la que hay un claro beneficiado: el equipo. Si el líder de compromiso da el máximo en cada entrenamiento, obliga (como mínimo) a que todos sus compañeros den su mínimo.

Y dentro del liderazgo futbolístico hay dos subcategorías más:

- El líder estratégico:
    - Es aquel que ve antes que nadie o parece que tiene clara la táctica a seguir durante el partido, y tiene el peso específico en el equipo como para dirigir a sus compañeros, ocupándose de que el equipo funcione, es decir, sabe qué es lo que hay que hacer y cómo hacerlo. La persona que ocupa este tipo de liderazgo tiene claro cuál es el camino. El líder estratégico es aquel que detecta un problema antes de que aparezca.

- El líder resolutivo:
  - Como su subtipo lo resalta, este tipo de líder es resolutivo, determinante, decisivo. El líder resolutivo es aquel jugador que con su acción es capaz de resolver el partido, a veces en un momento. Cuando el resto de los jugadores no saben qué hacer y están apurados, le pasan la pelota al líder resolutivo. Precisamente por esa capacidad de ser decisivo, suele ser el jugador que más calidad tiene dentro del equipo. Es de esos jugadores que hacen mejores al resto del equipo. Este tipo de jugador y líder determinante no debe ser cargado con el resto de las otras responsabilidades, pues puede que esa carga vaya en detrimento de lo que se espera de él a nivel futbolístico.

Una vez identificados los tipos (cualquiera que haya integrado o formado parte de equipos deportivos puede asociar a personas con ellos), el entrenador tiene la compleja tarea de gestionarlos, es decir, combinar esos liderazgos de forma que todos tengan claro cuál es su papel, y la importancia para el colectivo. No siempre resulta sencillo, especialmente para los sociales, puesto que gran parte del autoestima y la valoración del futbolista únicamente se apoya en cuántos minutos va acumulando en el desarrollo de la competencia, cuando esto es un error. Más allá de eso, es responsabilidad del entrenador, y hasta una buena herramienta de gestión, repartir los roles. Por mucho que exista en un equipo una persona que sea capaz de ejercer los cinco liderazgos (hecho muy improbable), no es aconsejable empoderarlo con los cinco tipos, pues esa acción generaría una dependencia total del grupo hacia ese compañero. A su vez, el monopolio de los liderazgos en una o dos personas bloquea el crecimiento de otras personas que puedan ocupar esos tipos de liderazgo de forma más eficaz, de igual forma, eso no quiere decir que sea necesario distinguir a cinco líderes distintos, pero sí es recomendable repartir las responsabilidades. También porque hay ciertos tipos de liderazgo incompatibles. En la práctica resulta difícil que el líder futbolístico resolutivo también sea el líder del compromiso, pues el resolutivo suele contar con algunas concesiones. El entrenador, frente a este panorama amplio en tipos de liderazgo, se posiciona como un coordinador de líderes, una postura que permite tener una visión externa, global, con poder repartido y, debidamente explicado, motivador. Ejercer la coordinación de ese subgrupo conlleva a su vez la jerarquía necesaria para tomar decisiones en situaciones límite.

Dentro de los equipos de fútbol es posible medir los diferentes tipos de liderazgo utilizando una herramienta llamada sociograma deportivo, como se desarrolló en el apartado de cohesión. El sociograma es la herramienta más efectiva para obtener una especie de radiografía grupal, permite clasificar con claridad los distintos tipos de liderazgo, y es una herramienta que se puede adaptar a las necesidades de sondeo que se tengan en determinado momento. Consta de una serie de preguntas (elaboradas para medir los distintos tipos de liderazgo) que todos los integrantes del grupo tienen que responder adjudicando una valoración a aquellos compañeros por los que opte para alguna situación específica, por ejemplo, "jugar el partido más importante del año" o "charlar de algo personal", por mencionar. El jugador que contesta la consigna elige a tres compañeros, ordenándolos por preferencia, y con las respuestas de todos se construye el sociograma. El objetivo inmediato del sociograma consiste en facilitar la visión global de la estructura del grupo, y a la vez señalar la posición relativa de cada uno de sus miembros.

Un buen análisis del mismo, permitirá pues, obtener información objetiva y extraer conclusiones. El análisis-lectura del sociograma comprende una visión global del grupo y sus distintos subgrupos, y una valoración de cada individuo.

Así como es deseable que los líderes se involucren en el grupo y contagien e influencien a sus compañeros, también se presentan situaciones en las que se torna necesario excluir a algún jugador del equipo o del grupo por cuestiones sociales, indistintamente de sus prestaciones deportivas. Es más, si uno de los objetivos principales de la conducción es el de construir un entorno armonioso de trabajo, el criterio social debería ser el de mayor peso a la hora de tomar decisiones, por sobre el deportivo y los demás.

Allá por mayo de 2005, un poderoso equipo de River, armado y compitiendo como para ser un serio candidato a ganar la Copa Libertadores, sufrió un cimbronazo interno que resquebrajó todo, y acabó con la potencialidad del equipo, después de que Horacio Ameli y Eduardo Tuzzio, defensores titulares del equipo, se pelearan por una infidelidad. Cabe recordar que, hasta ese momento, Eduardo Tuzzio y Horacio Ameli no solo eran compañeros en River Plate, habían coincidido en San Lorenzo, donde también habían salido campeones, y mantenían una amistad fuera de los límites del terreno de juego. Federico Domínguez, integrante de ese plantel, compartió detalles de ese momento en la clásica entrevista de las 100 preguntas con Diego Borinsky para el diario *La Nación*. El exlateral reconoció que "lo más difícil era la convivencia en las concentraciones, y que no se podía escuchar ni ver los programas de radio o tele para evitar escuchar hablar del tema". Con respecto a los liderazgos, añadió: "Ahí apareció Gallardo, como capitán, y dejó las cosas bien claras, y el grupo lo siguió. Nos reunió a todos, sin Ameli ni Tuzzio, y tomó la voz cantante: dijo que no había que tomar postura por ninguno, que teníamos que ser inteligentes y fuertes, y tratar de gestionar ese quilombo". Recordó también que el DT determinó que entrenaran en horarios diferentes y que los iba a rotar diariamente. Para los partidos en el campeonato local utilizaba a uno y no al otro, y para el encuentro siguiente cambiaba. En la Libertadores jugaban juntos y no se hablaban. Después de 17 años, Astrada, en su rol de panelista en un programa de análisis deportivo, rememoró con autocrítica esa etapa: "Me equivoque yo, los deje a los dos en el plantel por priorizar el éxito deportivo cuando tendría que haber separado a uno. El grupo trató de no involucrarse, pero se involucró, porque tenía más amistad con uno que con el otro, entonces a partir de ahí el grupo se dividió". Ese River quedó eliminado con San Pablo en semifinales de la Libertadores de ese año un mes después del estallido del conflicto. Al término de ese dramático primer semestre de 2005, Astrada separó del plantel a los dos futbolistas a modo de "sanciones disciplinarias", y luego presentó su renuncia. Tuzzio emigró a España y Ameli pasó a entrenarse con los juveniles para luego salir a Colón tiempo después.

Teófilo Gutiérrez jugó su último partido en Racing el 14 de abril de 2012 en la cancha de Independiente. Tras ir ganando con un gol suyo, Racing terminó perdiendo 4 a 1, resultado que se precipito después de la expulsión del colombiano con el partido 1-0 a favor de su equipo, lo que motivó una pelea en el vestuario con Sebastián Saja, capitán del equipo, que terminó en un episodio tan escandaloso como peligroso. Según varios testigos, Gutiérrez sacó un arma que tenía en su bolso y apuntó contra algunos de sus compañeros, acción que encendió la polémica y catapultó su salida del club. El propio Teo Gutiérrez dio más detalles de lo que fue ese incidente en el vestuario visitante de la cancha de Independiente. En una entrevista con *Fox Sports*, el colombiano comentó: "El grupo estaba mal. Cada uno hizo su grupo. Quería entrar al vestuario y era el grupo de Saja por allá, los de La Plata por allá... Yo andaba solo, con los utilleros. Era amigo de todos. Me vinieron a buscar a mí, diciéndome que la culpa era solo mía y ahí me tuve que defender. Pasaron muchas cosas que nadie sabe, pero queda ahí porque uno tiene códigos". Alfio *Coco* Basile, el entrenador en ese momento en lo que fue su última experiencia en ese rol, también dio su versión en una entrevista con *TyC Sports*: "Los jugadores estaban en el fondo y veía manos que iban y venían. Escuché algunos pequeños insultos, y cuando me metí en el medio pensé que la ligaba también yo". "Todos saben que fue el colombiano, ya le habíamos dicho que lo iban a buscar. Ya había bronca de Independiente con él, y se hizo echar. El árbitro lo echó y perdimos el partido. Entonces se agarró con Saja. Vi la pelea, nadie se metía a separar hasta que me metí yo. La pelea se calmó un momento y el colombiano sacó un revólver. Me la jugué y me puse adelante. Nunca viví algo así dentro de un vestuario. Después entró la policía, lo agarraron, le sacaron el arma y se lo llevaron". Hasta ese momento, Teófilo Gutiérrez llevaba 41 partidos en Racing, había convertido 22 goles y repartido 7 asistencias, viéndose involucrado entonces en 29 goles, números altísimos. Había sido el goleador del torneo Clausura 2011, su primer campeonato, y el goleador del equipo en el siguiente, campaña que terminaría con Racing subcampeón de Boca. Era el jugador más determinante del plantel en términos futbolísticos. Después de ese día, no volvió a jugar más en Racing.

Basile renunció esa tarde como entrenador, después de la derrota y el estallido en el vestuario.

No es necesario llegar a una escalada del tipo de la de estos relatos para tomar cartas en el asunto. Hay que saber detectar estas cuestiones y actuar en consecuencia, antes de que escalen a límites mucho más complicados de manejar. La armonía social es la base indispensable para una buena expectativa de rendimiento.

CAPÍTULO 13

EL TALENTO ESTA SOBREVALORADO

"El trabajo duro supera al talento cuando el talento no trabaja duro".

Tim Notke.

A lo largo de todo el desarrollo de este libro se han ido desglosando los conceptos de índole social más influyentes en el desarrollo, probabilidades y pronóstico de éxito de los equipos de fútbol, todo en base a conocimientos que provienen desde el ambiente científico, declaraciones de los involucrados y observaciones propias, producto de la experiencia personal del escritor. Ahora bien, si hay un tema que atraviesa a las cogniciones sociales ampliamente diseminadas y fuertemente arraigadas en el imaginario colectivo del público que nutre al fútbol, es el del valor que todo el entorno del deporte le otorga a lo que se reconoce como talento.

La Real Academia Española define al talento como una especie de inteligencia, que da cuenta la capacidad de entender y una aptitud que denota la capacidad para el desempeño de algo. Por lo tanto, se podría argüir que un futbolista con talento es aquel que comprende el juego y tiene la capacidad para practicarlo dentro

de los parámetros que se consideran bien. En un paradigma que se viene sosteniendo hace décadas, las intelecciones alrededor del talento dividen a los jugadores de fútbol en dos mitades, aquellos que tienen una alta dosis de talento natural, y otros que portan una menor. A aquellos con alta carga de talento se los asocia con el dominio de la técnica principalmente, mientras que el otro grupo están emparentados con mayores dosis de voluntad. Jugadores juveniles con mucho talento (entendido como cualidad técnica) son eximidos de ciertas responsabilidades del juego en favor de sus cualidades.

En una carta al portal The Players Tribune, Christian Pulisic, el muy buen jugador estadounidense del Chelsea inglés, critica este arquetipo formativo dejando interesantes reflexiones producto de su propia experiencia deportiva tras el fracaso de no haber podido clasificar con su Selección para el mundial de Rusia 2018. Cuenta Pulisic:

"Tengo muchas ideas sobre el fútbol de Estados Unidos, y definitivamente quería expresarlas. Pero también quería asegurarme de tener suficiente tiempo, primero para hacer una pausa y reflexionar. Y que cuando escribiera algo, no sería para mirar hacia atrás. Sería mirar hacia adelante. Lo primero que quiero decir aquí, obviamente, es que no soy un experto. Estoy seguro de que hay muchas personas que saben mucho más que yo sobre los programas nacionales de fútbol, y espero que esas sean las personas que tendremos a cargo del fútbol estadounidense durante el próximo ciclo de la Copa Mundial. Yo solo tengo 19 años, estoy en mi primer año completo con la Selección nacional. Entonces, cualquier idea que pueda ofrecer se basa solo en lo que he experimentado y observado en mi carrera hasta ahora.

Lo segundo que quiero decir aquí es que no soy un prodigio, o un 'niño prodigio', como dicen algunos. Siempre fui un jugador decente mientras crecía. Y sí, nací con una cierta cantidad de las llamadas 'habilidades naturales', pero también trabajé y sacrifiqué mucho para tratar de maximizar aquello con lo que nací, lo cual creo que es importante señalar. Creo que es importante dejar en claro que el problema del fútbol estadounidense no es el talento.

Cuando la gente me pregunta cuál ha sido el mayor cambio de juego de mi carrera, cuando me preguntan: '¿Qué es lo que ha tenido el mayor impacto en tu juego hasta ahora?', esa no es la pregunta más fácil de responder. He tenido mucha buena fortuna a lo largo de los años: desde padres que me apoyan hasta increíbles academias juveniles, increíbles compañeros de equipo y más. Pero una cosa que no estoy seguro de que la gente se dé cuenta, cuando hablan de mi juego, es la suerte que he tenido de tener un pasaporte croata, y la gran diferencia que ha hecho para mí. Como resultado de mi doble ciudadanía, he podido jugar en Europa, entrenando en la academia de Dortmund, desde que tenía 16 años. En el sistema de EE. UU., con demasiada frecuencia, el mejor jugador de un equipo sub-17 será tratado como una 'estrella': no tener que trabajar por el balón, ser el foco de la ofensiva en todo momento, etc. En un momento en que deberían tener que luchar con uñas y dientes por su lugar. En Europa, por otro lado, el nivel promedio de habilidad a tu alrededor es mucho más alto. Es un grupo de jugadores donde todos han sido 'los mejores jugadores', y todos luchan por un lugar, realmente semana tras semana. Lo que hace que la intensidad y la humildad que necesita traer al campo todos los días, tanto desde una perspectiva mental como física, sean diferentes a todo lo que realmente puede experimentar en el fútbol de desarrollo de EE. UU. Sin esas experiencias, simplemente no habría forma de que estuviera cerca del nivel que tengo hoy.

Estoy seguro de esto: el camino para que Estados Unidos gane una Copa del Mundo no comienza con tener 'más talento'. Comienza con desarrollar el talento, que ya tenemos, de la manera correcta".

Lo que relata Pulisic no es algo inherente a la formación en Estados Unidos únicamente, a mi entender se trata más bien de un paradigma presente, radicado y enraizado en el fútbol globalizado. Por el contrario, la idea que pugna por destronar el reinado de la sobrevaloración del talento es aquella que entiende que el talento es extremadamente común, mucho más de lo que se tiene noción o percepción; lo que es raro es encontrar la voluntad de soportar las dificultades y exigencias que se requieren para explotarlo. Como se

mencionara anteriormente, la noción del talento en el fútbol está asociada muy fuertemente a la de cualidades técnicas diferenciales, cuando ya se ha dicho a comienzos de este libro que el rendimiento deportivo depende de cuatro aspectos fundamentales e igualmente preponderantes, en el que el aspecto técnico es solo uno que acompaña al físico, al táctico y al psicológico. Un jugador excelsamente técnico que no se sacrifica disciplinadamente a nivel físico, que no trabaja psicológicamente para que sus emociones no lo sobrepasen y que no se preocupa por entender las variantes tácticas del juego no va a poder alcanzar el pico del rendimiento que él mismo y gran parte de su entorno aspiran únicamente por ser un jugador con buena técnica. En ese sentido, la definición de la RAE compartida a principios de este apartado hace mejor referencia a la globalidad de la palabra talento, en cuanto se trata tanto de una aptitud como de una inteligencia.

Julio Velasco respondió también en este sentido, en una entrevista a Tomás Gorrini para la revista *Almagro*, cuando se le preguntó acerca de cómo se trata a un talentoso. Contestó Velasco que "talentoso es al que le vienen las cosas fáciles y además tiene la capacidad de aprender. Maradona, por ejemplo, no jugaba de la misma manera en Boca o en la Selección como lo hacía en Villa Fiorito. Aprendió. En el fútbol verdadero no puede gambetear todo el tiempo. Aprendió cuándo hacerlo, cuándo no, cuándo soltarla, cuándo ser protagonista, cuándo ser secundario. Si no: ¿cuántos goles hizo como el segundo a los ingleses? Ninguno más, porque él supo que ahí sí tenía que gambetearse a todos; que era el lugar y el momento necesario. A los talentosos hay que reconocerles sus capacidades, pero si quieren ser excelentes —como Diego, Messi, Federer— tienen que seguir aprendiendo. No se tienen que quedar en lo que ya les sale bien".

Hace algún tiempo, mientras mirábamos detenidamente junto con el ayudante de campo del entrenador la práctica del equipo de fútbol en el que me desempeñaba, ambos notamos que uno de los volantes que ensayaba para el equipo titular carecía del sacrificio mínimo necesario para ocupar posiciones defensivas en el retroceso sin pelota, cuestión que se repetía semana tras semana. Cuando le hice mención de ese detalle a este ayudante, él me respondió que notaba lo mismo y que "era una lástima, porque (ese jugador) lo más importante ya lo tenía". Cuando esa persona se refirió a "lo más importante", hizo mención al talento, mal entendido como exclusivamente cualidad técnica, cuestión que le aclaré. Le dije que ese jugador no tenía lo más importante, que lo que tenía era un aspecto del rendimiento destacado, que si no es acompañado por otra serie de características no le iba a alcanzar para desempeñarse a la altura de las exigencias. Muy especialmente cuando el talento individual (en cualquiera de las acepciones que el lector le quiera asociar) tiene sentido únicamente al servicio del trabajo en equipo, y cobra su valor dentro del trabajo colectivo, al servicio del equipo; el talento egoísta desajusta el trabajo en equipo y atenta contra los resultados individuales y colectivos del grupo.

En los países con arraigada cultura futbolística, el talento, en su deformación de sentido entendido exclusivamente como cualidad técnica, es difícil que cese de aparecer. Cualquier reclutador de ese tipo de talentos, o simple espectador que se acerque a algún picado de los barrios en las áreas metropolitanas de las grandes urbes, posiblemente se encuentre con entre dos o cinco jugadores con pulidas condiciones técnicas. Pero están jugando ahí, y están jugando ahí porque con solamente esa característica no se llega. Y eso es lo que hay que enseñar.

Cuando escucho que en algunas locaciones o generaciones se acaba el talento, siempre tiendo a pensar que es un proceso de mal formación. Mal formación por entendimiento y valoración errónea del concepto de "talento".

CONCLUSIÓN

A modo de cierre, y retomando los disparadores iniciales vertidos en la introducción de este libro, creo firme y altamente posible que el factor diferencial en el éxito deportivo tenga que ver con asuntos de índole social. A lo largo de estas páginas se han desarrollado cuestiones tales como los aspectos fundamentales de la psicología del deporte, un entendimiento particular de la constitución psicosocial de los futbolistas, investigaciones sociológicas que ayudan a explicar y entender cómo funcionan los seres humanos en comunidad, y nociones de cohesión y liderazgo, a modo de marco conceptual. Ya en lo que tiene que ver con la experiencia, las vivencias y los paradigmas imperantes, se ha hecho un repaso acerca de la precariedad en el proceso de selección de los entrenadores por parte del gran universo de los equipos, cómo y cuán importante es que el entrenador logre despertar afecto por parte de sus dirigidos, que, aparte también, siempre juegan por alguien más que ellos mismos. Se dejó en claro el valor que tiene que el entrenador en jefe mantenga, fomente, sostenga y enriquezca un diálogo integral con todas las partes involucradas en la cotidianidad del equipo, lo que le agregará a ese conductor una profundidad de conocimiento cultural importante para poderse ubicar y desempeñar acorde a lo que se espera invisible y anteriormente de él, por estar ocupando una posición que ya han dejado vacante otras personas que marcaron el espacio con prácticas, usos y costumbres particulares (valorados o no, pero siempre ricos de conocer).

Creo que ya resulta imposible triunfar como conductor de un equipo de futbolistas profesionales si no hay una correcta gestión de los errores, especialmente los propios, aunque también los ajenos, y si no se fomenta una relación que promueva e impulse el diálogo bidireccional constante. Cuando arrecien las tormentas y el equipo comience a mostrar fracturas, será importante ser capaz de detectar esos síntomas y resolverlos con firmeza pero también con cintura, haciendo un lugar importante (en poder y atribuciones) a mandos intermedios del equipo con el fin de repartir y delegar la carga y las responsabilidades, entendiendo que hay distintos tipos de liderazgos dentro de un grupo de futbolistas con aspiraciones de constituirse en un equipo, y que, todos, son igualmente importantes. También considero importante entender en toda su dimensión la noción de "talento", promoviendo la ruptura del entendimiento primitivo y arraigado en el entorno, que únicamente asocia el concepto a las cualidades técnicas, para pasar a comprenderlo como un constructo global que incluye habilidades específicas para determinadas acciones, e inteligencia adaptativa para desarrollarlas en un alto nivel de posibilidades.

Dicho lo anterior, el factor diferencial está en el manejo. En el manejo social, relacional de la conducción, allí se obtiene el margen que puede acercar más a la probabilidad de éxito, por sobre el resto de las conducciones que se manejan dentro de parámetros similares en lo que a preparación física y disposiciones tácticas se refiere. Un manejo frontal, dialoguista, empático, humano, involucrado, vinculado, falible, próximo a todos los componentes del equipo sin perder la jerarquía, generoso en la distribución de responsabilidades, y en la confianza para que cada parte desarrolle la que le toca acorde a su máximo potencial. Un manejo con ideas claras, por qué no, pero con la apertura y la capacidad suficientes para poner en cuestionamiento esos principios si los mismos no están teniendo la penetración esperada; con pragmatismo, entonces, conocimiento cultural del lugar que situacionalmente lo aloja, y conocimiento personal del plantel de futbolistas. Un manejo que contemple que su liderazgo es multidimensional, y que sus conductas están directamente influenciadas por una serie de factores dentro de los que se incluye decisivamente las características particulares del grupo que lidera.

Considero que hay sobrados casos de éxito en lo que a esta propuesta se refiere. Entrenadores debutantes en sus cargos, por ende carentes de experiencia y sorprendente e inmediatamente ganadores. Entrenadores capaces de adaptarse a distintos entornos sin que eso afecte en sus obtención de logros, y por diferentes entornos se hace mención a ligas de distintos países tanto como de diversas categorías de ascenso dentro de las mismas federaciones. Entrenadores que asumen con los mismos planteles que dirigían sus anteriores colegas y obtienen resultados distintos. Entrenadores que triunfan en escenarios variables. ¿Por qué lo hacen? ¿Son los que más saben de fútbol? No lo creo, más bien conjeturo que son los que mejor gestionan la cuestión social de su tarea, estando niveladamente preparados y rodeados en cuestiones tácticas y físicas. Mientras se escribían estas páginas, la Selección argentina se encaminaba a bordar la tercera estrella de campeón mundial en su escudo, y yo no podía dejar de seguir con fascinación pasional y entendimiento profesional todo lo que acontecía alrededor de esa gesta. Me parece uno de los mejores ejemplos, sino, tal vez, el más contundente, de muchas de las variantes que plantea este libro. El liderazgo de Lionel Scaloni, un videoanalista devenido en conductor, entrenador en jefe, por las circunstancias contextuales particulares del momento que supo ejercer esa responsabilidad con sentido tacto social. ¿Conocimientos y formación? Sí. ¿Buenos laderos? También, pero el diferencial estuvo en el manejo social. Dedica Messi, en una entrevista concedida a Andy Kusnetzoff para *Urbana Play Radio* 40 días después de la final, unas palabras al cuerpo técnico comandado por Scaloni: "Son todos espectaculares. Saben lo que es la Selección, lo vivieron. Le tienen muchísimo cariño. Son exjugadores que pasaron por todo esto que pasamos nosotros. Sabían cómo manejarse en cada momento, tenían la experiencia de haber vivido Mundiales o competiciones internacionales, y creo que en cada momento sabían bien lo que tenían que hacer o decir. El manejo del grupo, más allá de la sabiduría en preparar los partidos. En general, en todos los partidos fuimos mejores que el rival. Siempre sabíamos lo que teníamos que hacer, preparaban los

partidos sin dejar de pensar en nuestra idea, pero con detalles que hacían al partido diferente y que lo podamos manejar a favor nuestro. No se equivocó en ningún partido de los siete que jugamos, más allá del primero que perdimos". Una declaración contundente en donde el capitán de ese equipo toca cuestiones tales como la cultura, la experiencia, la transmisión de valores, el cariño, la empatía, el diálogo, el manejo, y después la preparación táctico-física de los partidos, haciendo mención también a la posible aparición del error. Un entrenador que fue pragmático, cercano, emotivo y querido, aún en la derrota y en la ejecución de los cambios que el equipo, entidad superior a todos sus componentes, requirió en cada momento de la competencia.

Por todo lo anterior, y para ir concluyendo, considero que el acto de entrenar puede asemejarse a la acción de la crianza. Cuando el conductor asume la responsabilidad de guiar a un equipo hacia el desarrollo de su máximo potencial, cuenta con algunos principios y deseos acerca de cómo quisiera que se lleve adelante la tarea, pero la realidad siempre aporta su parte en la receta, y lo que resulta es una adaptación de esos métodos y las condiciones situacionales específicas. En esa relación, quien lleva el poder lo detenta por cuestiones formales e informales, y es reconocido por una o más personas como el encargado de impartir las guías. Ahora bien, resulta imposible guiar, o educar, o criar, o entrenar, sin cariño. En el mismo proceso de conducción, si el individuo coloca allí su subjetividad y reconoce en ello parte de su identidad, y firma, no puede no involucrarse, hasta no debe no involucrarse. Habrá momentos en los que deberá ser firme y disciplinario, mostrando su ira y descontento e impartiendo sanciones ejemplificadoras, y habrá otros en los que tendrá que ser contemplativo e indulgente sin nunca perder la coherencia; una aspiración difícil. Para esta tarea tendrá que dialogar, predicar con el ejemplo, hacerse cargo de las responsabilidades con honestidad, coraje y buena fe, tendrá que confiar y bien rodearse, pues solo no podrá. Tendrá que dedicar tiempo valioso y de calidad, soportando retrocesos en el camino, pues no será lineal, y sorteando obstáculos, pues los habrá. Tendrá que hacerle frente a sus miedos y a sus demonios internos (productos de sus propias experiencias y modelos sufridos) de forma abierta, con determinación y esperanza, actualizándose en forma permanente, y no teniéndole miedo a los cambios, luchando contra el conservadurismo. En el proceso, idealmente tendrá que encontrar los caminos para que el grupo encuentre las formas de autogestionarse también, otorgándole alas que simbolizan libertades y herramientas para la independencia, confiando en que la misma se realizará sobre los cimientos que otrora hubiere colocado.

En definitiva, tendrá que querer, tendrá que empatizar, tendrá que dialogar, tendrá que sufrir, tendrá que confiar, tendrá que formar, tendrá que liderar y, por último, tendrá que soltar.

¿Cómo se podrá hacer todo eso si antes, primeramente, no se entiende ni se encara ese proceso como el de personas conduciendo a personas?

La clave está ahí, entonces, en los seres humanos. En ese manejo, en la preparación para ello. En la humanidad, en el Factor Social.

AGRADECIMIENTOS

Tengo miedo de olvidarme de alguien, pero lo voy a enfrentar (única forma de ganarle a los miedos) con la esperanza de que nadie se quede afuera. No puedo no empezar nombrando a Francisco Aguilar, a Marcelo Ferreyra y a Mauro Menseguez, sino los primeros, las personas que confiaron (y confían) fuertemente en mí, apostando por mi ímpetu habiéndome dado chances que para mí fueron muy valiosas. A Gabriel Viglianti, Leandro Villarroel, Matías Colángelo y Alejandro Pérez, mánagers e integrantes de las secretarías técnicas que me adoptaron para sus planteles, con seguridad, determinación, tranquilidad y creencia en lo que hago, imprescindibles.

A mis amigos del fútbol, el prologuista Lucas Bovaglio primero, un director técnico top y una persona espectacular, no tengo palabras para describir la gratitud, la admiración y el cariño que le tengo. Haber tenido la oportunidad de conocerlo y haberlo acompañado en la germinación de sus éxitos para mí fue un cambio de vida. Para cuando leas Lucas, siempre vamos a estar, mi familia y yo, agradecidos a vos y a tu familia, y siempre también, voy a estar para lo que humanamente necesites.

A Fernando Clementz, cómplice compañero, noble ayudante, compinche secuaz. A Lisandro Mendoza y Gabrielle Guglieri, dos tipos generosos, humanos, abiertos, empáticos, valientes, sensibles y sinceros. A Luis Martínez, un loco hermoso con el que compartimos algunas cosas que no se van a olvidar, y marcan.

A Leonardo Dolce, Gabriel Yomaha, Emanuel Sánchez y Sebastián Gambetta, respetuosos compañeros, honradas y bondadosas personas.

A Gustavo Caponeto, a Facundo Parisi, a Juan Dávola, a Sebastián Olivieri y a Mariano Caporale por su calidez, su valentía y sus pasiones.

A German Zylberberg y Martin Piñeyro, por sus refuerzos, sus miradas, sus apoyos y las experiencias. Al doctor Daniel Altamiranda, por tenerme siempre presente, por su apertura, cariño y valoración. A Jorge y Lucas Marinelli, por el empuje, el respeto, las conversaciones y sus palabras. A Alejandro Orfila y Diego Arias, por dejarme ser parte e integrarme, mostrando apertura y haciéndome sentir que se podía.

A Water Erviti, por su claridad, apertura y predisposición en una tarde de invierno en que estas páginas eran sólo una ilusión.

A Walter Rodríguez por haber confiado en mí para la docencia en la escuela de técnicos oficial de ATFA en Morón.

A mis hermosos y queridos compañeros del Club Deportivo Morón. Al cuerpo médico, a Mario, Nacho, Lucho, Agustín y Agustina, a Mariano, al Colo, a Cátulo, a José, gracias por hacerme sentir tan apreciado y cómodo.

A Emiliano Romero, un profe sensible aunque temeroso de esa sensibilidad, pero valiosísimo, por sus prestaciones profesionales y por tener una característica que no se encuentra frecuentemente, la capacidad de decirte las cosas que tenés que mejorar con tacto y asertividad, convirtiéndose en uno de los que hay que tener cerca. Generoso en el elogio sincero también, ladero en todas.

A Joaquín Iturrería, Alejandro Migliardi, Rodrigo Cervantes y Agustín Díaz, compañeros de una diaria a la que uno tiene ganas de ir, quedarse y estar.

A mis amigos los utileros, Pablo (en Campana), Gustavo y Chapita. Los imprescindibles, los invisibles, los dedicados, los cariñosos.

A mis ex compañeros de Villa Dálmine. Matías, Javier, Chaco, Pepi. Nunca me voy a olvidar lo que me hicieron sentir cuando volví.

A Diego Muller y su familia. Por la confianza, el cariño y los refuerzos, no sé si merezco tanto.

A mis compañeros de HAL Company, que significan todo aquello que no es fútbol en lo que a trabajo se refiere, y son tan importantes e imprescindibles como los demás. Por su apoyo, su estima, su apuesta, su paciencia y comprensión. Gracias Cecilia, Florencia, Romina, Lautaro y todos los demás.

A mis amigos de toda la vida, los que me conocen simplemente como "Carli". El Cabe, Nico, Rulos, Beto, Gusti, Fede, el Colo, Nacho. Ganga, Gonchi, Jota, Lucho, Fer, Rodri, Quique, Ari, Guille, Leo Benedetti, Iván, Diego, Juancito y Agus Pina. Todos futboleros, todos, cajas de resonancia. Todos y cada uno de ellos, parte fundamental del estímulo de mis pasiones y mi locura. Los quiero mucho, no saben el impacto que han tenido en mí, todos son parte de esto. A mis amigas Natalia, Antonella, Mariela, Sofía y Eugenia, gracias por hacerme apreciar mi valor con su calidez y humanidad.

A TODOS los jugadores con los que me cruzado en todos estos años, no los puedo nombrar a todos, no me perdonaría una omisión, son más de un centenar. Gracias por sus historias, por las miradas iniciales de escrutinio. Gracias por su escepticismo enclenque, por sus evaluaciones, sus mediciones, su ablande. Gracias por la contribución, la sinergia, los ligeros, clandestinos y confidenciales refuerzos y mensajes de confianza, de aceptación. Gracias a todos aquellos que me han abierto su caparazón y su corazón, permitiéndome transformar y resignificar el anhelo que alguna vez tuve de llagar a ser un colega y dejarme ser parte, mientras me forman como persona y profesional. Gracias también a todos los que en algún momento por distintas circunstancias quedamos en el camino pero alimentamos incondicionalmente esta pasión convocante, contagiosa e intensa desde el lugar que nos tocó, con todas nuestras virtudes y limitaciones. Gracias jugadores, sin ustedes nada de esto tiene sentido, disfruten, crezcan, luchen por ser mejores.

Pero por sobre todas las cosas, gracias a mi papá, que me enseñó que nunca me tengo que rendir, que hay que poner el cuerpo hasta vaciarse, haciendo todo lo que haya que hacer, siempre. Y que ahora,

seguramente pueda estar presumiendo de estas hojas, allá en donde esté, con Anita, La Nona, Chichi y Guille. Los extraño, ya nos vamos a reencontrar.

Gracias a mi mamá que me crio libre y sin miedos, dándome alas y haciéndome sentir que yo siempre puedo, sufriendo en silencio. Gracias a mi abuelo primero y a la Lala después, que vieron en mí, desde siempre, más de lo que yo mismo me veía.

Gracias a mi tía Ana y a mis primas Victoria y Fernanda, por su apoyo incondicional y el orgullo.

Gracias a mi suegros Gustavo y Norma, a mi cuñados Celina, Bruno, Bárbara y Nacho, a Patricia y todo el resto de mi familia política, quienes en mis horas más bajas me dijeron que esto iba a pasar.

Gracias a mis hermanos y mi primo Maxi, que siempre me apoyaron e impulsaron tan entregadamente que me emociona, y de quienes, por eso también, siento que porto la bandera de nuestros sueños.

Gracias a mis hijas, que en sus angustias cuando parto y en sus sonrisas cuando vuelvo me confirman lo que valgo y me hacen sentir que nada es ni tan importante ni tan dramático. Que en su tristeza aplacada por una bondad desinteresadamente generosa me despiden siempre al canto de “Que gane papá”.

Y por último, pero no por eso menos importante, tantísimas gracias a mi mujer. Leona incansable, eterna luchadora desbordada de voluntad. Compañera dadivosa y fiel, arquitecta de todas las estructuras que sostienen y significan mi vida. Madre increíble, la mujer más noble y generosa que podría haber encontrado.

En definitiva, gracias vida por rodearme de estas personas.

No puedo esperar para ver quiénes más vendrán.

Y qué cosas más, también.

REFERENCIAS BIBLIOGRÁFICAS

- Balaguer, I. (1994). *Entrenamiento psicológico en el deporte.* Valencia, España: Albatros.
  - Capítulo 2: "La motivación en el deporte"

- Weinberg, S. y Gould (2010). *Fundamentos de la psicología del deporte y el ejercicio físico*. Madrid, España: Médica Panamericana.
  - Capítulo 8: "Comportamiento de equipo"
  - Capítulo 9: "Dinámica de grupo y equipo"
  - Capítulo 10: "Cohesión del grupo"
  - Capítulo 11: "Liderazgo"
  - Capítulo 12: "Comunicación"

REFERENCIAS ELECTRÓNICAS

- https://appliedsportpsych.*org/blog/2017/10/from-me-to-we-promoting-team-cohesión-among-youth-athletes/#:~:text=Task%20 cohesión%3A%20the%20level%20of,and%20friendships%20outside%20of%20sports).*
- https://bigdatasports.*media/2020/11/13/cuanto-duran-los-entrenadores-y-que-impacto-genera-un-cambio-a-mitad-de-temporada/*
- https://blog.*hubspot.es/marketing/importancia-cultura-organizacional*
- https://cmolloyreflectivecoaching.*wordpress.com/2020/03/22/ task-cohesión-vs-social-cohesión/*
- https://efdeportes.*com/efd94/error.htm*
- https://lamenteesmaravillosa.*com/el-experimento-de-liderazgo-de-kurt-lewin/*
- https://marcelogantman.*substack.com/p/echar-y-contratar-entrenadores-la-22-07-14*
- https://sabercompetir.*com/como-se-construye-la-cohesión-interna-de-un-equipo-1/*

- https://sabercompetir.*com/como-se-construye-la-cohesión-interna-de-un-equipo-2/*
- https://sabercompetir.*com/error-frustracion-y-aprendizaje/*
- https://sabercompetir.*com/relacion-entrenador-jugador/*
- https://sabercompetir.*com/revista/liderazgo-emocional/*
- https://www.*abc.es/deportes/real-madrid/abci-secreto-escondido-mourinho-cuando-ficho-madrid-202004131851_noticia.html?ref=https%3A%2F%2Fwww.google.com%2F*
- https://www.*afa.com.ar/es/pages/historia*
- https://www.*boredpanda.es/experimentos-sociales/?utm_source=bing&utm_medium=organic&utm_campaign=organic*
- https://www.*clarin.com/deportes/teo-gutierrez-racing-arma-vestuario_0_RPH6Siwql.html*
- https://www.*efdeportes.com/efd140/el-liderazgo-y-los-deportes-colectivos.htm*
- https://www.*efdeportes.com/efd192/estudio-la-cohesión-de-grupo.htm#:~:text=Cohesi%C3%B3n%20de%20tarea%2C%20marca%20el,disfrutan%20del%20compa%C3%B1erismo%20del%20grupo.*
- https://www.*efficientfootball.com/liderazgo-en-el-entrenador-de-futbol/*
- https://www.*elmundo.es/deportes/futbol/2019/01/19/5c433c69fdddffe2668b466e.html*
- https://www.*iberdrola.com/talento/tipos-de-liderazgo*
- https://www.*infobae.com/2009/10/25/479950-oficial-lothar-matthaus-es-el-tecnico-racing/*
- https://www.*infobae.com/america/colombia/2022/03/22/menos-de-un-ano-el-promedio-de-permanencia-de-un-entrenador-en-el-futbol-profesional-colombiano/*
- https://www.*infobae.com/america/deportes/2022/04/30/la-formula-del-exito-de-carlo-ancelotti-el-lider-perfecto-que-esta-a-punto-de-romper-un-record-con-real-madrid/*

- https://www.*infobae.com/deportes/2023/01/30/messi-habla-por-primera-vez-despues-de-ser-campeon-del-mundo-yo-sabia-que-dios-me-iba-a-regalar-un-mundial-lo-sentia/*
- https://www.*monkhouseandcompany.com/es/sin-categorizar/por-que-gallup-q12-mejor-herramienta-para-crecimiento/*
- https://www.*mundodeportivo.com/20090904/abuela-celia-que-estas-en-el-cielo_53777534220.html*
- https://www.*ole.com.ar/futbol-internacional/entrenadores-duracion-cargo-ligas-mundo_0_kBwcf5TmJc.html*
- https://www.*theplayerstribune.com/articles/christian-pulisic-usmnt-world-cup*
- https://www.*trescuatrotres.com/los-5-tipos-de-liderazgo-que-necesita-un-equipo/*
- https://www.*trianglerrhh.es/culturaorganizacional/#:~:text=-La%20cultura%20organizacional%20es%20un,y%20que%20las%20hacen%20%C3%BAnicas*
- https://www.*tycsports.com/boca-juniors/carlos-tevez-confirmo-su-retiro-del-futbol-id439944.html*
- https://www.*tycsports.com/racing-club/teo-gutierrez-y-el-episodio-del-arma-cuando-saja-le-pega-a-gio-moreno-me-puse-loco-20200429.html*
- https://www.*vavel.com/es/futbol-internacional/2013/09/13/premier-league/263868.html*

SOBRE EL AUTOR

CARLOS LIONTI

Carlos María Lionti es psicólogo de la UBA con Diploma de Honor. Actualmente se desempeña como psicólogo de equipos de trabajo y, además, atiende a futbolistas de forma privada en modalidades ambulatoria, domiciliaria y consultorio.

Es miembro de la Asociación Civil Medicina del Deporte Buenos Aires, docente en el curso de directores técnicos de fútbol de ATFA (Asociación de Técnicos de Fútbol de Argentina) y disertante en temáticas de psicología del deporte para distintas organizaciones de desarrollo profesional.

Realiza asesoramientos, seguimientos y apuntalamientos en la formación y el desarrollo de grupos de trabajo. También es el psicólogo deportivo del plantel profesional del Club Deportivo Morón, desde 2021. Anteriormente, cumplió la misma función en el Club Villa Dálmine.

lic.carloslionti@gmail.com

carloslionti_sm

www.ingramcontent.com/pod-product-compliance
Ingram Content Group UK Ltd.
Pitfield, Milton Keynes, MK11 3LW, UK
UKHW041852190726
13854UKWH00002B/865